新领导者的破局法则

罗伯特·盖茨谈领导力

A PASSION FOR LEADERSHIP

A PASSION FOR LEADERSHIP: Lessons on Change and Reform from Fifty Years of Public Service by Robert M. Gates

This translation published by arrangement with Alfred A. Knopf, an imprint of The Knopf Doubleday Group, a division of Penguin Random House, LLC.

新领导者的破局法则

罗伯特·盖茨谈领导力

[美]罗伯特·盖茨◎著
杨具荣　路　玲◎译

金城出版社
GOLD WALL PRESS
北　京

图书在版编目(CIP)数据

新领导者的破局法则 : 罗伯特·盖茨谈领导力 / (美)罗伯特·盖茨著;
杨具荣,路玲译. —北京:金城出版社, 2017.8
书名原文:A Passion for Leadership
ISBN 978-7-5155-1522-9

Ⅰ. ①新… Ⅱ. ①罗… ②杨… ③路… Ⅲ. ①盖茨,R–领导学–研究
Ⅳ. ①K837.127②C933

中国版本图书馆 CIP 数据核字 (2017) 第 190272 号

新领导者的破局法则 : 罗伯特·盖茨谈领导力

作　　者	[美] 罗伯特·盖茨
译　　者	杨具荣　路　玲
责任编辑	李明辉
开　　本	710 毫米×1000 毫米　1/16
印　　张	16
字　　数	180 千字
版　　次	2018 年 2 月第 1 版　2018 年 2 月第 1 次印刷
印　　刷	三河市百盛印装有限公司
书　　号	ISBN 978-7-5155-1522-9
定　　价	59.80 元

出版发行	**金城出版社** 北京市朝阳区利泽东二路 3 号　邮编:100102
发 行 部	(010)84254364
编 辑 部	(010)64391966
总 编 室	(010)64228516
网　　址	http://www.jccb.com.cn
电子邮箱	jinchengchuban@163.com
法律顾问	陈鹰律师事务所 (010)64970501

目 录

1.
Why Bureaucracies So Often Fail Us

官僚机构：为什么总是辜负我们的期望

官僚机构犹如过街老鼠，人人痛恨不已，即便供职其中的职员亦不例外。即便在 21 世纪的美国，除了极少数不涉俗世的隐士和依赖网络生存的网虫外，与不可理喻、冷漠无情、千头万绪、冥顽不化、傲慢粗暴且通常蠢不可及的官僚机构打交道依然是绝大多数公民必须面对的日常阵痛。试想一下：社会保障、医疗保险机构；地方、州、联邦税务机构；申请驾照，获取企业执照；房屋维修或获取建筑许可；任何一家联邦部门或机构；与电信公司、信用卡发行商、征信局以及发生账单错误的大型连锁超市打交道；航空安检、医疗保险以及高等院校和公立学校管理部门的审查等。

美国人一生中几乎没有一天不是在与这个或那个官僚机构打交道中度过。排队、打电话，无助地进入一个似乎没有人情和人性的迷宫，绝望至极；尝试登录政府或企业形同虚设的网站；或者为了找到一位能够解决某个问题的人被多个部门像皮球一样踢来踢去。压抑和挫败几乎成为民众与任何一家官僚机构打交道时必然的“收获”。若能有幸在某个官僚机构中遇到一位心情愉悦并能迅速解决问题的人那简直是极其异乎寻常的事情，甚至可以说是一次值得终生回味的人生体验。前总统林登·约翰逊说过：“如果第一个接电话的人不能回答你的问题，这就是一个官僚机构。”这是显而易见的。

尽管华盛顿和其他许多地方的政治已经瘫痪，经日复一日、年复一年，官僚主义作风无情地侵入到我们日常生活的方方面面。他们影响我们的生活和安全、我们的生活水平和交通工具、我们的孩子，以及国内的商业、农业、教育机构等所有行业领域。

然而，甚至就在官僚主义作风的触角伸向美国的每一个角落和缝隙的过程中，傲慢无能的官僚主义拖沓亦在迅速膨胀。许多机构在今天确实不可或缺，但是他们不断曝光的疏漏与错误罪愆已让公众对他们，特别是政府部门能够做好任何事情失去了信心。无论哪个党派控制国会或主政白宫，提起近年来出现的失误或失败，随便哪一件都给我们留下了巨大的痛苦：9·11 恐怖袭击事件，这次事件本身就是情报机构和执法部门工作失败的重大后果；我们的金融监管部门和行政管理机构未能预测和防止次贷危机的蔓延最终导致了 2008—2009 年的严重金融危机；卡特里娜飓风及其他灾难之后联邦紧急事务管理署令人失望的灾后应急反应；2003 年占领伊拉克后的规划无力；沃尔特·里德陆军医疗中心门诊伤兵护理丑闻；退伍军人事务部的多起丑闻；美国国内税局面临的诚信挑战；特工处的一系列失误和丑闻；疾控中心刚最初对埃博拉病毒危机的消极应对；“平价医疗法案”（又称“奥巴马医改方案”）拙劣的推行手段；变化不定且相互矛盾的机场安检制度；伊拉克和阿富汗发展基金的巨大浪费；公立学校令人失望的表现；南部边境管控上的无能；甚至更多，不胜枚举。对这些灾难和尴尬负责的官僚机构于我们而言至关重要，其中有些还曾经是最受我们尊敬的部门。他们现在却让我们失望之极。

关于政府，我最喜欢的一条谚语是拿破仑·波拿巴说的，所有人“但凡能用愚蠢和无能解释者，切勿归咎于恶意”，毕竟谁都不想让政府机关变成民众的公敌，自己也不愿意做一个拒绝改变、不愿面对现实，或者无能的人。很少有人选择公务员作为自己的职业是为了给民众的生活带来痛苦或者为了给一些倒霉的官僚机构为虎作伥。数十年的工作生涯中遇到的无数才华出众、恪尽职守的公务员让我觉得真实情况恰恰相反。然而要是在几十年前，幽默大师威尔·罗杰斯则会说：“不是开玩笑，我只看政府的作为并报道事实真相。”

据我观察，私营企业领域，无论从客户还是董事会角度来讲，也有其特有的官僚主义问题。然而，要扫清障碍，减少开支，提升效能就必须面对创新和改革以应对新的、不可控变故等众多藩篱，这无论对于包括地方、州和联邦政府在内的公共部门领导者还是私营部门领导者来说，任务都很繁杂艰巨。例如，无论是公共部门还是私营机构的领导者都经常遭遇一种根深蒂固的文化，这种文化使得真正的变革难以推进；另一方面，为了坚决维护自己的既得利益和地位，下级组织经常会以各种方式对抗高层指示。修剪组织枯枝败叶就成为私营领域和公共机构面临的挑战。谁要是没有因为各种各样的企业官僚主义而倍感挫折或者抓狂过，那他就会拥有一颗人间罕见的纯洁灵魂，更不用提那些造成大量失业或引发经济动荡和休克的灾难性企业决策。

对绝大多数企业来说，成功和自我生存的压力要求其领导者和员工必须终日恪尽职守、与时俱进、应时而变，或者未雨绸缪，克服经济萧条，改善糟糕的客服质量，以及改善层级管理体制的僵化效应，层级管理体制不可避免地造成滞缓与决策程序的复杂化。企业如果不力求创新，努力降低管理成本，减少管理层级，亲近客户，一定难以长久发展，这是亘古不变的法则。

然而，公共领域的改革有其众多独特的障碍，无论是减少开支，提升能效，鼓励创新，抑或变革以应对新的挑战或者变化了的局势。而且不管在目的和规模上有多大的差异，几乎所有公共机构面临的障碍并无二致。

日常经历让美国民众得出了政府机构庸碌无为且无法变革的无可辩驳的结论，我们的官僚机构依然积重难返。经历了这么多明显的失败之后，正如我所言，民调显示，我们的大多数公民已对我们的机构和政府本身失去了信心。“左派”政客对明显的官僚无能和失败总是视若无睹，因为它坚信，无论任何问题，最终还是只能依靠政府解决。“右派”政客则热衷于将官僚无能视为政府鲜有所作为的证据，这也就进一步强化了自己的观点，不管任何问题，但凡有政府的介入就有可能使问题变得更糟。

我们可以继续没完没了地讨论美国政府部门恰当的角色，但现实是我们有一大堆这样的政府部门，而且绝大多数表现不尽如人意。实际上我们确实需要政府，如果不能正确定位，官僚无能会给我们造成巨大的财政和时间浪费，更不用说公众犬儒主义的代价和政府及其领导者公信力的丧失。

事实上，几乎每一个政府机构都需要改革：实现现代化，革除数十年来日积月累的程序瘫痪和执行软弱等沉疴宿疾，减少浪费，提高效能。2010年，如果你知道我们在仅仅几个月之内就完成了五角大楼在接下来数年内砍掉1800亿美元行政经费预算的方案，你对此次意义深远的改革创造的“机会”一定不会陌生。需要改革的机构绝非国防部一家。

我对机构改革的目标方向非常明确：彻底变革，更加廉洁、亲民，更加高效、进取，使其能够适应经济紧缩时代新的问题和挑战。我非常自信，因为在许多非常优秀的前同事的帮助下，我成功改革了我担任过领导人的三家完全不同的机构：中央情报局及国内其他十多家情报机构，办学规模名列全美第五的得克萨斯农工大学，以及全球规模最大、最复杂的组织美国国防部。上述三家机构与所有其他公共机构的改革都面临着相似的挑战。在对上述三家机构进行改革的过程中，我和我的同事并没有将功能失调的政治环境本身视为机构改革的最大障碍。

也许你很想知道中央情报局、得克萨斯农工大学以及国防部三家特点迥异、风马牛不相及的机构都有哪些共同之处以及全美其他各级政府机构和私营企业能从中获得哪些启发。我想就此举几个简单的例子。当然，我在中央情报局开展的所有改革举措按理都属于国家机密；我在得克萨斯农工大学所进行的每项改革则完全暴露于公众视野之下；在国防部的改革举措两者兼而有之。实际上从白宫、州长、国会、州议会等监督者的角度而言，我没有任何秘密可言，而且面对无孔不入的媒体和时有发生的信息泄露，对公众而言我也鲜有秘密可言。这实际上是所有政府官员的一个共性。与中央情报局和得克萨斯农工大学相比，五角大楼的民选官员对于国防部项目和资金的影响更具普遍性和政治性，但是前两所机构每一分钱的开支都必须得到那些民选官员的同意，他们向来毫不避讳地明示自己的偏好和态度。任何公共机构官员的日常角色都非常重要；只是因为机构或部门不同而使得他们每个人施加影响力的方式有所差异。

另外，按说在中央情报局和国防部，我可以命令人们执行我的决定，在得克萨斯农工大学，说服是我唯一可以使用的工作方式。即便在我可以发号施令的国防部和中央情报局工作期间，我遇到的那些出色的领导者没有任何人使用过这项权力。例如，在诸如预算制定这样的重大问题上，尽管部门领导者列出了一长串方案，但他们雄心勃勃的计划最终都因为没能征求或说服他们的情报专业人员或武装人员而破灭。总而言之，从根本上讲，三家单位在很大程度上是相同的。

绝大多数其他机构也具有上述相似的特征。在近 50 年的政府工作经历中，我先后为 8 位总统服务，因而我有机会近距离观察包括许多与国家安全无关的部委机构在内的联邦政府机构。担任得克萨斯农工大学校长一职又为我近距离观察州政府及其他机构的运作提供了机会。过去 20 年中，我曾先后在 10 家公司的董事会担任董事，在那里我有足够的机会观察各个公司面临的官僚机构膨胀的挑战、地盘保护、行业帝国的缔造、CEO 们所面临的改革阻力等。作为美国童子军全国总会会长，我发现该组织与其他任何一家大型百年组织一样，也有其自身的官僚主义问题。尽管在角色和使命上存在着巨大的差异，所有这些机构都有共同的特点，也面临相同的挑战。

并不是所有领导者都有机会掌舵中央情报局，管控美国军队，或者领导一所规模庞大的大学，抑或足够幸运，与国会打交道。尽管如此，我将在本书详细阐述我在那些机构中学到的对于几乎所有机构领导者具有普遍适用性的实际经验教训。从外表而言，人类具有无限多样性，但是透过皮肤表层，从解剖学和人体内部的运作机制角度来说，所有人几乎没有区别。每个人都与自己的亲属，甚至远房亲属，共享许多相同的DNA。部门之间亦如此。你会发现，不管公共领域和私营领域的各种部门如何多样化，他们的机构文化、组织结构，以及影响部门运行和行为的内外部因素都非常相似。因此改变、改革他们的策略和技术也就非常相似。

在接下来的篇章中，我会逐步介绍我在政府的工作经历。主要是因为我觉得这些经历是我深入分析哪些做法有效哪些做法不理想的佐证。之所以重提过去那些经历，部分原因是我希望它们能够为广大读者了解我们的政府提供一些信息，希望它们能够成为作为美国公民的读者值得了解的信息，也算是一种奖励，如果您愿意接受。

尽管我们的政府给我们造成了无尽的挫败感，也存在这样或那样的实实在在的缺点，我相信无论在美国哪个地方或哪一级政府，都有一些乐于奉献、能力突出、诚实清廉的公务人员。在数十年的政府职业生涯中，我遇到过很多政治任命官员、公务员、大学教职员工、男女军人、便衣特工等公务人员不仅素质能力突出，而且秉承全心全意为这个国家并且代表国家为广大公民服务。他们希望以自己的供职单位为荣；他们希望获得服务对象的崇拜和尊重。他们，也经常因为自

己部门的各种缺点而倍感挫折。

那么问题来了，改革能够带给我们什么？为什么公共领域的官僚机构改革尤其困难？

首先，实际上所有公共官僚机构都应当直接或间接向国会、州议会、总统、州长、市长，或者市县管理委员会等各种民选官员负责。他们的政治利益（对于他们中绝大多数人来说是获得连任）往往与他们所监管机构的简化或改革直接冲突。例如，尽管国会对国防部的浪费和效率低下批评之声不绝于耳，任何试图砍掉某些议员的家乡选区或所在州可有可无的项目或设备以及相关岗位的举措一定会立刻引发相关议员激烈的反对和抗议。尽管国会口口声声要求美国情报机构实现更大范围的整合，议员们却拒绝赋予情报主官和总统让这种整合真正发生的权力。州议会一方面言辞激烈地批评公立大学学费增长；另一方面又忙不迭地猛砍州政府对这些大学的财政拨款，并继续他们效率低下的政府官僚程序，这些程序不仅浪费了纳税人和学生的金钱，而且还阻碍了这些大学对办学成本的削减。即便州财政对大学的支持出现断崖式下跌，仅占学校运行经费的 10%—20%，州议会依然不愿意放弃对大学的监管权。一句话，地方和国家的政治是官僚机构改革和适应性变革的一个重要障碍。

但政治并非唯一的障碍。涉及事关政府机构命脉的经费问题时，经选举产生的负有监督职责的人也会变得不可靠、变化莫测，甚至不负责任。在永远无法知悉下一年有多少经费可用，或者以联邦政府部委为例，什么时候经费才能真正获得批准或者可以开支的情况下，哪个部门能够制定出长远的工作规划？在我担任国防部部长期间，国会不止一次直到下一个财政年度初才批准我们本该在上个财政年度完成执行的经费预算。有好几次，年已过半，我们还不知道我们本年度有多少经费可以开支，而且有一次（我退休后有好几次），国会甚至根本没有批准我们的年度经费预算。面对国会管理不当的愚蠢行为，诸如关门、下岗、财政预算缩减，以及假装作为监督的微观管理，你只想确保不关门都是一种挑战。即便在州级层面，每个财政年度议会批准的经费水平差距甚大。

拿企业领导者和政府领导者做一个生动的对比，假设一家公司的董事会有 535 名董事，那么每一位董事的首要目标并非对他们监管的机构负责，而是个人利益和政治上的自我保护。另外，与公司董事会不同，国会向来眉毛胡子一把抓，不懂提供行动规划蓝图和长期优先事项的战略方向与机构日常事务之间的区别，事实早已证明了国会在处理日常事务方面的无能。从法律角度说，企业领导者应当专注于实现企业和股民的利润最大化。在公共领域，领导者则需要更加全面地考虑各方面，特别是政治因素，这些因素的叠加综合就使得改革或变革更难实现。

在官僚机构，主要是公共官僚机构，当然包括许多企业机关，监督方面的另一个不可控因素是民选或授命监督人员的个人素质参差不齐。例如，国会议员、州议员，以及（特别是企业）监管者在专业知识、勤奋程度、理解能力以及智力方面存在非常明显的差异。通常情况下，越是在上述某个方面或多个方面有欠缺的人越容易成为麻烦制造者，阻碍改革、妨碍任命、反对建设性变革，并想方设法实施低效或高成本的政策、规定或者项目。大学经选举或授命监督董事会的诸如学监等人员中对高等教育常识一无所知或对某个特定机构的问题手足无措的人太多了。董事会成员在个人素质上的差别非常巨大，从苛责小气、孤陋寡闻、傲慢狂妄、自私自利的州长亲信到独立自信、细心周到、心胸开阔的授命官员——他们为了使自己的所在单位变得更加卓越而奉献自己的价值、努力（而且是无私）工作。同样，也许虽然没有达到政府那样的程度，但是许多企业的领导者（不管是董事会还是行政管理班子）在个人素质上也存在着较大的差异。任何一级政府的领导层个人素质存在巨大差异对于每一位公务员来说是非常清楚的，许多公司的雇员也不例外。这也是阻碍官僚机构改革的一个障碍。

另一个重要问题，至少在最高层，许多公共机构（同样，所有政府机构都不例外）的老板缺乏管理或领导经验。即便是重点强调资格而非政治忠诚或信仰的任命程序公正合理，政府高级官员中绝对不乏学者、律师、金融家、咨询师、文豪、议会议员或员工等这样的专业人士，也许他们都是某个行业或领域声名远播的所谓专家，但实际上他们对任何事情都一无所知。另外，许多官员希望或预期自己在某个位置上并不会干太久，而且有相当一部分官员将公共部门的行政管理岗位视作通往其他更加高尚的职业的跳板。作为一名短期管家，作为政治官员的老板总是想着眼前，并且主要目标是考虑如何让自己的个人表现获得别人，当然包括任命他职务的人的认可。因此在工作中，他尽量避免任何有争议的举措，疏于规划，投资不足，特别是在涉及更久的将来时更是如此。总而言之，绝大多数政府官员衡量成功的标准是眼前利益，并非有效的管理或成功的机构改革。的确，无数领导者将改革视为非常糟糕的风险投资，因为改革总会引起内外一致的反对，往往还会引发负面新闻报道。

如果一位商人授命担任某个政府部门领导者后一败涂地，那是因为他的企业工作经历对于他担任政府部门领导者没有任何帮助，他对在总统、州长、国会或州议会的“帮助”下领导一个政府机构所面临的复杂性没有任何经历和能力储备。相对于政客和政治家而言，忠诚往往并不是政府机构中的许多较低级别的官员最重要的素质要求，政客和政治家的忠诚来源于自己的职业而非自己的日常老板。

公务员各种形式的职业保障是政府机构改革领导者需要面临的另一个现实。尽管绝大多数人认为大学教师的任期就是终身职业保障，实际上，除非遭遇极端财政状况，军人和公务员也拥有重要的职业保障。尽管私营企业现在解雇员工要比以前更加困难，但是相对政府部门来说仍然比较容易，特别是涉及过错、不能胜任工作或者有据可查的行为不端等。与企业不同，想要解雇反对改革方案的公务员，甚至为了不让他阻碍改革只是将他调整到其他岗位在政府部门也绝非易事。结果往往是绝大多数反对改革的公务员选择与改革者熬时间、硬抗。改革者到任的时候他们就在那里了，改革者离开时他们依然会待在那里。

相反，对于国家政府部门最高级官员或级别稍低的官员来说，他们的工作通常没有保障。联邦政府行政机构的高级官员中，只有总统、副总统，以及联邦调查局（FBI）局长（任期 10 年）依法享有任期保障。正如他们的委任状上所写，所有政府成员和政治任命官员“只有在美利坚合众国总统开心时才可以暂时保住自己的位子”。这种不利形势实在无法让人安心追求颇具风险且阻力重重的改革。这些官员中很多人的观念都会发生很大的转变，而且任何授命推动改革的官员根本不知道给他时间有多长。部长助理的任期通常只有 21 个月，而且绝大多数人需要花费 6—12 个月的时间熟悉情况、站稳脚跟。官员对自己任期长短的不确定也是阻碍改革与变革的另一个因素。

根据我与政府机构一些工会有限的合作经历，我觉得，在联邦政府这一层，它们并不是阻碍机构改革的特别因素。涉及人员招聘、解雇、薪酬、工作制度，以及人事等方面的改革，阻力的最大症结通常与法律或规定有关。工会的行动或手段通常只针对议会而非行政机构本身。国防部工会当然也不例外，因此团结了一部分文职员工。工会唯一一次成为我改革的障碍是在我试图改变薪酬结构，为文职人员提供激励工资时。工会在这次薪酬制度改革的失败中的确发挥了部分作用，但它们并不是直接从行政机关内部予以扼杀，而是通过与国会结成强大的联盟来实现的。据我猜想，地方工会的影响力更加显著。当然，我依然坚信，相对于薪酬与福利，企业经营模式改革和改革团队的组织构架建设方面，只要方法得当，工会不但不会成为改革的绊脚石，而且还可以成为合作搭档。

如果你认为在政府机关解雇人是非常困难的，那么只需要尝试撤销以前设立的某个办公室或者机构。说起来真是猫有九命！在五角大楼，如果你撤销了某个机构，它很有可能以其他形式和名称在其他地方还魂重生，就像一种野草。国防部高层领导者撤销一些机构意在减少开支，但是最后却发现人一个也没有少，只是挪了个地方。这就是人们常说的“大树底下好乘凉”，领导者就是冤大头。我不止一次地当过这种乡巴佬。

企业无须像包括几乎所有高校、军队，以及慈善机构、基金会、警察和消防等组织在内的公共机构一样过多考虑退休人员或者校友的影响力。我发现有一种非常讽刺的现象，学生或雇员在校或工作期间对自己所在机构的缺点不足总是满腹牢骚，但是毕业或退休后又觉得他们以前所在的机构实际上是近乎完美的。因此他们以破坏了组织的根基、文化，以及传统为借口反对一切改革。军队的情形可能是一个例外。在那里，一些高级军官到退役时突然变得非常聪明，并且强烈呼吁进行改革，为他们手握改革权力或者授命推行改革时因各种原因未能成功实现的军队机构改革献计献策。同时，绝大多数退役军人呼吁继续为陆军、海军、海军陆战队、空军服务，从事自己熟悉或者与自己的军人职业生涯相近的事业。无论是改革的支持者还是反对者、军人还是公务员、特工还是学生，或者是逝者，他们的诉求都应当得到公共机构领导者的重视，事实的确也是这样。

非常讽刺的是，官僚机构改革必须克服公众对决策过程透明度的要求不断增长的挑战。想象一下，公司行政人员必须在完全公开的状态下制定发展战略、内部结构调整、人事政策，以及营销计划等。或者某公司的 CEO 在大会厅就公司未来的发展战略接受董事会质询。公共领域的日常琐事在企业世界是难以想象的。当然，有些企业，特别是金融银行、航空国防、通讯媒体、互联网，以及医药等涉及高度政治敏感领域也会受到公众严密的监督以及国会或其他监督机构的特殊监管。对于整个企业领域来说，受到公众强烈关注和监督的公司在数量上相对还是少多了。

然而，对于公共机构的改革领导者来说，通过泄露或者按照法律、规定公之于众的改革计划，不管多么初级或不成熟，都会使他成为现状维持派的众矢之的。利用改革者还在制订作战计划的时间，反对派有充足的时间为发动反攻调兵遣将。公众监督无时不在，而且计划内容和方案制定者身份被泄露、公开或者遭受卑鄙批评的极大可能性会重创下属制订大胆或者充满争议计划的意愿。在诸如得克萨斯等一些立法要求公开会议内容的州，几乎没有任何事情可以成为秘密。例如在得克萨斯州，大学校长绝对不可以私下与董事会讨论学校的发展战略或方向；三名以上董事会成员的聚会即被视为公共会议且必须提前对外宣布，会议过程必须对公众公开。尽管中央情报局和国防部的运转有其非常特殊的保密规则，可现实是华盛顿特区信息泄露成为常态的文化同公开会议记录的法律具有几乎相同的影响力。如果没有中央情报局局长、国防部部长，或其他高级官员的严厉措施，任何部门的机构或预算改革的信息很快就会传到国会或者见诸媒体。任何公共机构，即便是情报和国防领域的改革领导者必定清楚他所做或所说的任何事情很快就会进入公众视野，这使得改革的推进与执行陷入极端困难的境地。

公共机构和几乎所有私人组织的文化也是阻碍改革与变革发生的一个严重障碍。官僚机构文化的本质是风险规避：对于公共机关和绝大多数企业机关管理者来说，说“不”通常情况下要比说“是”安全得多。在频频遭受官员和媒体曝光、指责、苛责，以及调查的公共环境中，无所作为通常比有所作为更加安全，特别是如果你的行为涉及一些新的或者不同于传统的事情。由于担心引起谨小慎微的上司的不满或因为不“按部就班”被处罚甚至被解雇，人们往往会不顾常识，甚至有时候哪怕是为别人做一些人道上的事情。

新媒体对我们日常工作、生活的入侵使得这一问题变得更加严重。以前在主流媒体看来不过是鸡毛蒜皮的小事如今都会引起新媒体强烈的兴趣和极其详细的报道。现在的微博专门致力于广泛传播面对压力或者项目面临挑战时官员办公室的闲言碎语，甚至通常情况下高级官员还没有意识到或者来得及采取任何措施。所有这一切都严重影响了人们的行为，让每个人变得更加谨慎。另外，在数量上不断扩张的调查机构、检察人员、准独立评价机构等与那些渴望抓住其他人哪怕一丝一毫错误或疏漏的变态倾向持续增强的政客一道，不仅极大强化了公务人员规避风险的意识，更导致了行政人员的不作为。这种情况在每一级政府中都有不同程度的蔓延。一方面担心犯错误；另一方面被暴露于公众苛求的监督之下，这就使得原本已经谨小慎微的官员以及他们的监管官员更加畏首畏尾、裹足不前。

不管在公共领域还是私营领域，“非我发明症”心理是官僚文化的基础之一。任何源自外部，特别是一些知名批评家旨在提高或改革，抑或只是改进工作效率的正常观点，只要对组织产生影响，就会自然激发一些人的强烈反对，竭尽全力击退这些入侵思想。甚至从更加私人的角度来说，即便是领导者本人往往也会拒绝单位员工改进工作效率的建议，仅仅因为这个倡议不是他提出来的。另外，任何级别任何机构的老板都希望控制更多的人力和资源，这是官僚机构的本质决定的：评价领导者成功的尺度往往不是客户（服务对象）的满意度，而是他的“王国”的规模。任何希望通过压缩王国以使整个企业更加成功或者更加高效的想法在领导者看来近乎于异端，况且在公共机关做这种事情没有任何利益激励，仅仅源于个人或者机构愿望

公共机关的狭隘主义文化，即体制外的人根本不懂公共机关的人在做什么、怎么做，或者为什么这么做的观念往往不能很好地为公共机构服务。在私人领域，市场要求为新思想提供更加广阔的空间。公共机关几乎完全缺失的竞争促进和强化了他们的壁垒心态。许多官僚机构普遍有一种唯一感和隐晦的优越感。得克萨斯农工大学关于农工人的一首颂歌完美地体现了这一点：“作为外校人，你们无法理解我们。作为农工人，我们看不懂外面的世界。”我相信，军官、情报官员、司法人员及其他很多官员都普遍存在这种心理。在阿富汗，一名

中士在某次市政厅会议上告诉我，美国公务人员的价值和品质远远优越于普通公民。体制内官员对于“同一性”的坚强信念和对体制外的普遍性防卫心理既是强大的力量也是重大的弱点。说他们是强大的力量是因为官员们认为自己是一个特殊大家庭的一部分的传统和观念对这些机构的成功具有极其重要的意义；说他们是重大弱点是因为这种精神对改革或者外部观念来说是一种无影无形却非常强大的障碍。无一例外，他们使得改革者或变革促进者的工作更加困难。

美国著名文化历史学家雅克·巴尔赞的《从黎明到衰落》一书针对机构文化和传统改革的障碍做了非常充分的阐述。在哥伦比亚大学和剑桥大学工作了近半个世纪之后，他写道：“机构的自我改革是非常罕见的；良知上非常渴望，但文化上非常艰难。”

企业和公共机关在改革的障碍方面有许多共同之处，但是公共机关改革的最后一个特有的障碍仅仅是缺乏任何经济刺激。如果公共机关非常确定每年都能够获得一定水平的基本资金，那它会有什么改革或变革的经济刺激呢？更确切地说，与企业不同，公共机关不能在薪酬上对员工进行任何奖励或惩罚。管理层几乎没有任何权力影响员工的收入，除非通过提拔擢升，这在很大程度上受到级内最短任职（通常情况下，即便某人能力上完全有资格获得提拔，他必须在某个级别上待够一定的时间）、高一级职位的空缺情况、制度化提拔程序等的限制。

就联邦政府层面来说，1978 年的《文职官员改革法案》在高级文职官员中实行绩效奖励（高达 20000 美元），但是获奖人数通常有非常严格的限制，而且只有极少数文职官员具备获奖资格。即便如此，这些绩效奖励有时候甚至会因为预算原因暂停发放。小额的一次性奖励（通常为几百到 1000 美元）每年都会有，不过这些奖金往往不是发给主管人员的。在这种情况下，拿什么去激励人们在工作中付出更大的努力和智慧？

在被确定为得克萨斯农工大学校长候选人之后，我曾告诉前来找我谈话的遴选委员会，如果他们只是想找一个人来维持学校现状，那他们无疑是找错了人。“我不做维持现状的事。”我告诉他们。我的兴趣，我继续道，是直面挑战，将一所优秀的大学建设得更加优秀。在传承农工大的核心价值和传统的基础上，我将成为大学的“变革促进者”。我发现这是我的“核心竞争力”。我非常热爱我主政过的三家机构，这种爱包含了我相信每一家机构都可以变得更好的信念。

我的第一篇关于中央情报局如何改进工作的论文，很有可能是一篇非常放肆的具体分析苏联的论文，发表于我完成培训并工作仅两年后的 1970 年。10 多年后的 1981 年年底，中央情报局时任局长威廉·凯西和副局长鲍勃·伊曼上将越过许多更高级别的官员，直接破格擢升我领导中央情报局数千人的情报分析工作，因为我有如何提高情报分析质量的具体计划，这些计划部分基于我在国家安全委员会或白宫长达 6 年的工作经验，这些将在稍后的章节中进行更详细的阐述。10 年后担任中央情报局局长时，我面临着彻底改变中央情报局和美国情报部门长达数十年的工作战略——它们的重心依然致力于正在解体的苏联。有赖于一支精英团队的全心帮助和 20 多个任务小组的鼎力支持，1993 年，当我任期届满时我顺利完成了改革目标。

正如我经常所说，得克萨斯农工大学“在美国是独一无二的”。一所在20世纪60年代只有几千学生的纯男性军校，如今主校区就有5万多名在校生。1999年，校董、校友、教职员工及学生齐聚一堂，群策群力，共谋学校发展大计，并发布了包含10多个重大意向性目标的《愿景2020》报告。2002年我担任农工大学校长之后，实现这一雄心壮志的任务落到了我的肩上。2006年11月，乔治·沃克·布什总统邀我担任国防部部长。美国在伊拉克和阿富汗的两场战争都打得非常糟糕；部队和指挥官得不到急需的装备；沃尔特·里德陆军医疗中心门诊伤兵护理丑闻影响亟待消除；尽管在已卷入的两场战争中似乎已经力不从心，五角大楼的官员们对军队的所有服务依然聚焦于对未来战争的计划，或者为将来极有可能发动的战争做准备；数十个重要装备和武器采购项目逾期不能到位或严重超支，而且经常错失良机；9·11恐怖袭击之后数年间的行政开支急剧膨胀。正如后来多次出现的危机所示，我们的战略和军队管理状况严重恶化。我成功处理了上述及其他更多问题。

结合多年来领导多家不同机构转型改革的成功经验，我希望通过本书向各级公共机关和企业机关的领导详细介绍帮助他们成功实现机构改革、提升组织效率的经验技术。相对于创设无尽的假设条件并为这些假设条件提供一步步的计划，我相信我个人领导改革的原则和亲身经历的事例对于各种各样的机构改革具有更广泛的适用性和指导性。我提及的有些原则和经验听起来只是平淡无奇的常识，但你可能无法相信这对官僚机构改革来说是多么珍贵的财富。尽管我的原则和经验主要集中在公共官僚机构，但我关于领导机构改革的文字对各种规模和类型的机构均具有广泛的适用性：对于企业来说毋庸置疑，志愿者组织不例外，公民和公共服务组织、各级学校、教堂亦如此。我们的机构需要具有远见卓识的各级领导干部；能够调动全员的积极性并实现卓有成效改革的领导者。

尽管许多美国人因为政府僵化、政治瘫痪以及不断膨胀且日益频繁地入侵我们日常生活的官僚机构感到挫折和愤怒，我个人还是非常乐观的。我坚信，只要有恰当的策略和正确的技巧，无论我们的政治方向存在什么样的差异，改革和改变这些机构的目标是完全可以实现的。改革不是奢侈品，而是必需品。我们的机构改革失败，甚至我们的机构改革不及时，都可能给我们的生活方式、金融安全、国家安全、我们的自由，甚至每个人的生活带来灾难性后果。在展示事情可以改变、可以变得更好的过程中，我希望通过一些细微但重要的方式让美国人相信，那些无数次令我们挫败不堪的机构都可以进行变革，而且各个阶层的领导者都可以积极参与到即将到来的改变之中。掌握高超的领导力技巧，工作可以干得更漂亮。

这是一本关于人以及如何领导他们到达他们往往不愿前往的地方的书。关于领导者如何为了工作在此的员工和他们的客户使 家机构变得更卓越的书。关于如何提高人们生活质量的书。

之所以撰写这本书，我还有一个隐秘的动机：那是一个令人难过的事实，广义上说，公共服务作为一个职业，多年来一直声名不佳。几十年来，高层形成了一种基调，两党历届总统和国会议员候选人在竞选活动中都要与他们即将领导的政府和公务员作对。年复一年，游说青年才俊进入公共机构变得日益困难。根据《华尔街日报》的报道，

2013 年联邦政府中 30 岁以下的雇员仅占全体雇员的 7%，其比例几乎不到 1975 年的三分之一。政治瘫痪及其后果——政府停摆、重大国家问题的简单解决方案遭卡壳的激烈党派竞争，以及其他不负责任的行为，更不用说政府声名远播的繁文缛节和森严的等级制度，严重挫伤了理想的急需人才进入公共机关谋职的勇气。如果通过本书，我能够证明无论官员如何官僚，公共机关和其他组织都可以进行改革，变得更加高效、亲民，也许更多青年会受到鼓舞而考虑将自己生命的一部分奉献给他们的同胞。毕竟，今天的新员工就是明天的高级领导者。

我们的第二任总统约翰·亚当斯曾写信给儿子托马斯："我的儿子，公共事务必须得有人去做，不是这些人去做就是那些人去做，如果聪明的人拒绝，其他人就会去做；如果诚实的人拒绝，其他人会去做。"我热切地期望这本书能够鼓励我们周围聪明、诚实的人，特别是年轻人考虑为自己的同胞服务，必须满怀信心：公共机构可以被成功改革、塑造。

2. Where You Want to Go: "The Vision Thing"

愿景：你们想往哪里去

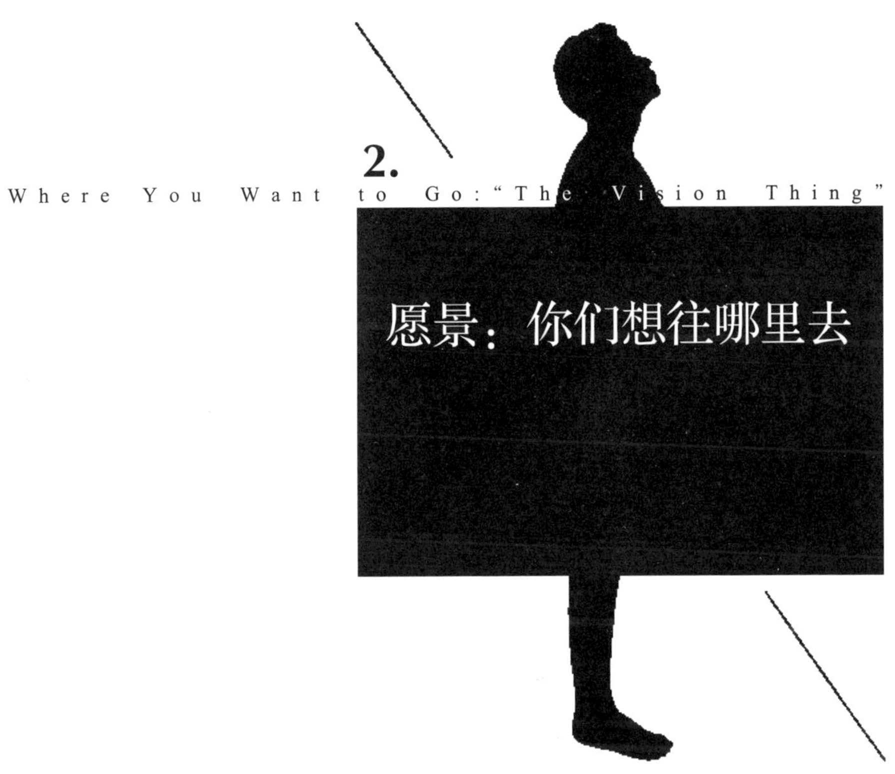

我对“领导者”一词有54个解释，其中一个是“传输热气的管道”，也许对于华盛顿特区来说这是一个恰如其分的定义，但并不适合我这里要说的目的。是也，下面这一定义最符合我心目中领导者的角色定位：“指引方向的领路人。”意指前面是一个新领域而且向导知道如何到达目的地。对于组织和改革来说，这是一个很好的比喻。问题是有太多领导者站在改革的十字路口犹豫不定或者不知道该朝哪个方向走。有点像摩西和他40年的荒野彷徨。

我最钟爱的一句车尾贴是：“我不知道我要去哪里，但是我很快乐。”非常悲哀，这句话是今天无数机构领导者的真实写照：曾经辉煌的机构正在或已经失去往日的优势却不知道如何才能昨日重现；优秀的机构想要变得更加优秀却仅限于口头；有些组织无法适应新的情况和问题，手足无措，只能痛苦挣扎；自鸣得意、自以为是的机构凭昨日成就之顺风，毫无疑问地奔向平庸或者毫不相干的地方；那些看起来“大到不能倒”的机构很显然也是大得无法改变且拒绝改革。还有许多企业逐渐陷入平庸，无心或没有能力为客户或纳税人提供优质、高效的服务。

所有这些机构有一个共同点：缺乏有魄力、有远见的各级领导者——能够为机构设计一个不同且更好的未来，不管机构规模如何，他们都可以为机构设计出现实的、通向更好未来的路线。如果需要变革，则必须自上而下。但是一把手一个人唱不了一台戏：他需要整个机构中所有领导者的通力支持与配合。他们通常时刻准备为机构的改革出力；他们只需要一个人去解放和动员。

A Passion for Leadership

要想成为成功的变革或改革代理人，领导者不仅必须能够制定远大目标，而且在建立广泛支持和实施自己的目标方面也必须拥有实用的技巧。

近代历史上务实而颇具远见卓识的政治领袖不乏其人：玛格丽特·撒切尔振兴英国；灾难性的 20 世纪 70 年代后，罗纳德·里根重振美国民众的信心并坚信美国终将成为冷战的胜利者；西德总理赫尔穆特·科尔及其统一德国的愿景；邓小平以及改变中国的经济改革；推动埃及与以色列实现真正和平的前埃及总统安瓦尔·萨达特与以色列前总理梅纳赫姆·贝京；弗雷德里克·威廉·德克勒克与纳尔逊·曼德拉，监禁者和被监禁者，实现和解并创立了没有种族隔离的南非。这些人物并非不具争议性，但他们都憧憬一个更美好的未来。当然也不乏许多失败的改革者和空想主义者，这些人如米哈伊尔·戈尔巴乔夫，他摧毁了支撑苏联政权的斯大林主义体制，但对它的替代体制却根本一无所知；或者发动"阿拉伯之春"的那些领导者，他们追求经济和政治自由却缺乏战胜伊斯兰极端主义者和独裁政权的实用技巧。

当然，私营企业领域也不乏非常成功的务实而又高瞻远瞩的领袖，例如福特公司的艾伦·穆拉利；微软公司的比尔·盖茨；脸书网首席运营官雪莉·桑德伯格；施乐公司的安妮·穆尔卡西；星巴克的霍华德·舒尔茨；苹果公司的史蒂夫·乔布斯；亚马逊网络购物中心的杰夫·贝索斯，以及美国洛克希德·马丁公司的玛丽莲·休森等。当然该领域造成重大战略失败的领导者也为数不少，例如，有些人导致美国两大汽车制造业巨头最终走向了破产；造成多家金融机构倒闭的 CEO 们，以及采取错误战略进入制造和零售业从而使其公司一败涂地的那些大老板们。

再次引用雅克·巴尔赞在《从黎明到衰落》的论述：

> 卓越的领导者必须具备两种独特的能力：政治技巧和管理思维。两者都是非常可贵的素质，或兼而有之，或仅具其一。前者体现在事善能、动善时、与善仁、正善治……但是一个真正的政治家可能也是一个无能的管理者。管理者就是在不断趋向混乱的局面中维持秩序。确保人和事日复一日地正常运转是

任何组织领导者的唯一责任。

如果找不到两种素质兼而有之的人，老板必须得是一个有远见卓识的领袖，而且他一定要物色一个能够开展务实改革的副手或者首席运营官。

因此，作为身负改革与完善机构厚望的新领导者。你也许只是一个手中仅有十余人的中层经理人，也可能是一名麾下雇员千万的大老板。甫一履新，你会怎么做？

若欲成为改革代理人，首先必须明确并清晰阐明他们坚信的机构发展方向，并全力争取各方对这一愿景的支持。他们需要分析问题出在哪里且需要改变，以及为什么改革是唯一的选择。这对于说服雇员与你同心协力、共克时艰非常必要。领导者如何制定具体目标，行动纲要？这个问题究竟是一个迫在眉睫的危机，一个需要采取迅速措施予以解决的挑战，抑或是一个更多需要循序渐进地予以解决的长久危机？

A Passion for Leadership

要想找到这些问题的答案，作为任何级别的新领导者，最急需做的事情就是聆听。

有太多新老板都是带着十分的自信履职，认为自己拥有解决机构各种问题的灵丹妙药，并在上任首日就开始发送邮件，发号施令，以期烧起第一把火，警告员工新领导者随时都会打板子、动奶酪，并展示自己的活力和控制力。有太多新领导者公然鄙视其前任及他们之前所做的一切："现在我是负责，所以一切都必须改变！"

我们都曾经遇到过这种"包打天下的英雄豪杰"，他们无不认为自己就是那个能够力挽狂澜的白马骑士。他们的所作所为，主要是让广大员工惊慌失措，接下来他们只能想方设法退避观望，低调蛰伏，努力保住自己的饭碗。员工很快便会憎恨这位刚刚否定他们之前所有工作的傲慢的百事通并竭尽全力挫败新领导者的改革计划，或冷眼旁观，静待他的改革走向失败。这种包打天下的英雄豪杰，或者充满敌意的接管方式，在我看来，都是错误的。刚开始在中央情报局担任高级官员时我也采用过这种方式，所以对此我有非常惨痛的亲身体会，我会在后面的篇章中详细描述。

在发布每一条指令或做出每一个决定之前，领导者都应征求机构内从管理部门到收发室等各层级员工的意见。专业雇员通常对组织的优势和弱点有惊人的洞察力，这当然是毋庸置疑的；因而，他们对如何改进组织往往有着非常清晰且切合实际的想法。

如果与自己的身份不冲突，新领导者还应充分听取利益相关者、董事会、理事、前雇员（校友）、退休雇员、立法人员、其他民选官员，以及，特别是"客户"的意见。他应当向他们所有人了解组织的优势和弱点，并询问他们认为改革应当优先解决哪些问题。

领导者在走访中遇到的人绝大多数都会有他们自己的抱怨或打算、他们自己的目的，或者他们自己的方案。这都没有关系。综合考虑，这些谈话将使他对机构的了解更加全面深入，对机构传统和文化的理解更加深刻丰富。走出办公室，深入雇员中间听取他们的心声，领导者对组织的了解将远比在自己的办公室通过忍受无数 PPT 展示所获得的认知丰富生动得多，而且还可以为自己的改革方案和愿景提供资讯参考。即便是从内部提拔上来的领导者，他也可以从那些愿意与自己交流的人们那里了解到许多东西，因为他现在是老板，许多员工与他的交流会不同于以往。

如果新领导者能够在刚上任的几天或者几个月之内，像我就任中央情报局局长和得克萨斯农工大学校长之后一样，广泛听取意见，他对自己继承或接管的团队以及组织自身的运行状况也会有一个更加深刻的理解。

通过走访聆听，领导者将很快知道哪些人愿意直言不讳地告诉他机构存在的问题和不足；哪些人会冷嘲热讽地鄙视自己的同事而哪些人则不会。他也很有可能尽早认清那些毛遂自荐者中哪些人是阿谀奉承者，哪些人不值得信赖。通过“聆听之旅”，他就能对哪些人可以成为自己推动改革的盟友哪些人不会做出预判。一个明智的领导者是不会将自己禁锢于对别人的初步判断之中的：一路上会惊喜不断。

形成改革方案之前广泛听取意见还有另一个重大裨益。因为这是在向员工传递一个重要的信息，他们的意见很重要，他重视不同意见，他并没有假装自己是万事皆通，他并不是完全的闭门造车、虚构或武断专行，这一行为能够让领导者在员工心目中留下积极的初步印象。但是他也一定不能让这种开局的聆听之旅持续太久。否则，这会给人们传递一种他对自己的职责一无所知的错觉，他仅仅是一张等待同事打印涂写的白纸，或者优柔寡断，犹豫不决。

一个新领导者从一开始就应明确无误地告诉大家他要尽早确定目标。他应了解员工对自己的观点和工作方案的反响。简而言之，他应明确告诉员工他的想法并将义无反顾地付诸实践，但是希望与那些确实愿意负责推动改革的人共同验证这些想法，也希望听取他们的建议、意见，以及批评。

无论任何时候任何人劝说新任领导者改变自己的想法或转变自己的观念，他应明确无误地公开强调自己的态度。他完全可以将挑战者转化为自己的盟友，而且他还需要强化一个信息，不同意见确实很受欢迎，也很具有影响力，但必须是有利于职业强化而非职业毁灭。

尽快确定目标对于公共机构的领导者来说尤为重要，因为他并不知道自己和主要副手需要花多长时间才能实现自己的愿景目标。正如我之前所说的，任期长短的不确性对许多真正希望推行改革的领导者来说，根本就是一个严重的制约因素，无法投入必要的时间和必需的政治资本。有太多政治任命官员会因此做一些听起来非常华丽实际上却非常肤浅的决定，盗取一个积极面对问题的正面评价报道，然后就毫无建树地熬到届满，这种行为除了让雇员变得更加玩世不恭，没有任何积极意义。

当初被任命为中央情报局局长时我就非常清楚地知道 14 个月之后的总统大选将会终结我的任期，事实的确如此。因此，我非常迅速地推出了我几乎所有的改革方案。担任得克萨斯农工大学校长后，我很自信校长任期至少为 5 年，因此我就可以按部就班地实施我的改革方案并更加稳健地推进。尽管最后因为我被任命为国防部部长而未能在得克萨斯农工大学做满 5 年，最起码我有四年半时间来实现我的目标。2006 年年底就任国防部部长之后，我原以为自己的任期只有两年时间而且几乎全身心地投入对伊拉克战争和阿富汗战争的监管之中，这是当时最为紧迫和亟待优先解决的问题。直到我被要求在奥巴马政府继续留任国防部部长时，我才将注意力转移到国防部内部和预算改革上来。我依然认为自己只能留任一两年时间，我抓住一切时机快速推进我的改革计划，尤其是针对重大财政削减或取消数十个无力承担、不切实际，或不必要的大型项目的改革。

即便在确定目标并付诸行动后，领导者在整个任职期间都应不时地走进群众，了解、听取不同阶层员工的意见、建议。通过走访听取，他就可以了解自己的改革方案究竟是赢得了盟友还是制造了对手，以及他们都是谁。这反过来又可以为他提供资讯，据此他可以为是否需要对自己的改革方案予以调整做出评估；最起码，随着改革的不断推进，他可以掌握每个阶段组织内部的氛围。

领导者在确定改革方案和愿景时需要随时精确掌握自己所面临的情况。官僚战场形势如何？如果面临的问题或危机非常紧迫，他的改革方案就必须非常明确：实现改革目标的行动计划、战略可以更强硬一些。我在国防部时就是这种情况。如果跟我在得克萨斯农工大学时的情况一样，新领导者所面临的是一个长期的挑战，正如我之前所讲的，他就会有更加充裕的时间较为从容地制定其实现改革目标的战略。在有些情况下，尽管他需要解决某个紧迫的问题，但同时他还需要制定针对长远改革和调整的目标，就像我在中央情报局时一样。所以，请允许我略微详细地描述一下我刚到上述三个不同机构时所面临的截然不同的情景，然

后再解释一下它们与各种官僚机构领导者的普遍联系。

1991 年 11 月我担任中央情报局局长时苏联已是大厦将倾，实际上，7 周后它就不复存在了。因此，我上任后最紧迫的任务就是为总统及其高级顾问就苏联的解体可能会造成的后果提供最佳评估。是否会出现动乱？饥荒？数以百万计的难民？内战？种族清洗？经济崩溃？俄罗斯自身会不会分裂？苏联兵工厂存放的 4 万多件核武器或装配了核弹头的洲际弹道导弹将被如何处理？并未部署在俄罗斯本土而是新独立国家的那些核武器和导弹在混乱中会出现什么问题？风险到了最高级别。一个强大的帝国在没有发生任何重大战争的情况下轰然解体，这是人类历史上闻所未闻的重大事件。因此，在异乎寻常的努力下，短短数周时间内我们就这些重大问题为总统在非常时期的决策提供了 10 多个国家情报评估资讯。即便在应对迫在眉睫的苏联危机的同时，我还面临着另外一个同样明显、长期而广泛的改革任务：如何调整中央情报局和美国其他众多情报系统的工作重心，使坚持了数十年的以苏联为核心的美国情报工作战略快速适应后冷战时代的世界格局。苏联解体为中央情报局和美国其他情报机构进行大刀阔斧的结构和行动改革提供了一个千载难逢的绝佳机会，这在正常时期即便不是万无可能，至少也是非常困难的。尽管这项改革的愿景是一个长期规划，我还是需要立刻抓住苏联戏剧性解体给每个人造成的震撼性影响依然存在的有利时机。

担任小布什总统内阁的国防部部长之后确定短期改革目标时相对就容易了许多。正如小布什、国会，以及媒体每天提醒我的那样，我们正在输掉伊拉克和阿富汗的战争。采取立即行动改变形势因而就成为当时所有改革议程的重中之重。我的首要也是最紧迫的使命就是扭转战局。在伊拉克战场上，总统做出了一个勇气十足的决策，增兵3万以图重新夺回战争主动权，并将我们推上了确保安全和稳定的道路。我的任务是将部队送至战场，提供所需装备，授予战地指挥官完成使命所需之权力，尽可能久地拖住国会，为这一战略的实施提供时间保障。我坐镇五角大楼，负责制定必要的管理重点和战略。阿富汗战场上，由于2007—2008年期间我们没有多余资源可以调配，我们的战略方案是尽一切可能防止塔利班取得更大胜利，直到我们和我们的盟友提供新的重大战略资源，主要包括适当的增援部队、更优良的武器装备、新的指挥官，以及在美国政府内部努力将我们在阿富汗的目标降低到根据现实我们能够实现的程度。

即便在新任总统奥巴马出乎意料地邀请我继续留任国防部部长时，就战争而言我依然面临着许多任务，包括国防部内部和国外战场。但是我决定国防部的改革必须突破仅仅取得伊拉克和阿富汗两场战争的胜利这个短期目标。其时我担任国防部部长一职已达两年之久，而且很早就意识到我们必须开展两个非常重大、非常雄心勃勃的变革，而且我现在也有时间将这两项改革付诸实践。这就是我的员工所称的“盖茨2.0”。

第一项改革是逐步改变五角大楼对未来的理解以及如何计划、培训和装备我们的部队以面对我坚信的未来几十年的潜在冲突，将来可能的冲突一定是非常多样化的。如果希望我们的现代军队继续保持威慑或者击败其他强国的战斗力，我们就必须放弃长久以来只关注传统冲突的思维，强化我们战胜我们在巴尔干、索马里、黎巴嫩和利比亚等地遭遇的非传统敌人和诸如基地组织、“伊斯兰国”以及其他恐怖主义组织的能力。除了1991年我们将伊拉克军队赶出科威特的短暂的第一次海湾战争外，他们实际上就是我们过去 40 多年来的战争对手。非传统和非常规冲突的混合是美国军队在未来最有可能面临的战斗形式。尽管与俄罗斯或中国发生直接重大军事对抗的可能性不大，但是发生间接冲突的可能性依然非常巨大。我当时就非常清楚我的军队体系和国防建设改革将是一个非常艰巨的任务。

第二项重大改革是当时的政治现实和 2008 年金融危机直接作用的结果。我当时的观点是必须对五角大楼的经费预算进行前瞻性的重大改革：砍掉并淘汰过期、运行成本过高、性能表现不佳的武器和其他采购项目，大范围缩减机关日常经费开支。我们不仅需要解决低效和浪费等问题，而且还要对以后来自总统和国会的重大预算压力做好充分的心理准备。如果我们对将来的财政紧缩没有一个充分的预期，只是一味地向前推进就是一种愚蠢的盲动。我希望如果我们通过自己的行动可信地告诉别人我们可以改变我们内部的运行方式，我们就可能阻止别人对我们做出更加严厉和战略性危险的缩减。我知道，这将是一个长期而艰巨的任务。但是改变五角大楼的预算和财政管理方式这一目标愿景将主导我在奥巴马政府的整个任期。

在应对未来冲突的战略上，当时与我站在一起的军方高层寥寥无几。在财政预算方面，几乎所有人都看到了一辆“列车残骸”正在成形，大家都明白财政严重入不敷出，难以为继，但是没有一个人乐见他的预算或机构被缩减或砍掉。

我非常钟爱的另一条车尾贴是这样说的：“要么引领，要么跟随，否则，别挡道！”我觉得我有责任在奥巴马政府时期接受这两大挑战。因为当时在位的其他任何人无论级别、经历、公信力，还是政治独立性都无法承担这个重担。我坚信这两大改革目标的实现对国防部本身和美国国家安全都具有至关重要的意义。这些变化的重要性就在于为什么我要带你们深入了解我曾经服务过的这些机构，让你们了解官员们解决这些问题是多么重要，以及为什么肯定他们的成绩显得如此重要。我在 2008 年的一系列重要演讲和发表于《外交》杂志的一篇文章中对上述两大改革方案都有所谈及。我也听过军政领导者关于上述改革的关切与观点。但是推动国防部不断前进是我的职责，而且我对我们需要前进的方向非常自信，因此，尽管其他人有保留意见，我依然强力推进。

我在得克萨斯农工大学面临的情况与中央情报局和国防部的情况则完全不同。早在我就任该校校长 5 年前，我的前任雷·伯恩博士就提出，到 2020 年将得克萨斯农工大学建设成美国最杰出的 10 所公立大学之一，保持并增强该校的特色。经过多方努力，他动员了一支由校内外 250 多人组成的团队对学校当前的优势和劣势以及如何实现这一目标进行了广泛评估。正如前面提到的，持续了近两年之久的研究成果就是后来的《愿景 2020》报告。结论真诚朴实："我们很优秀，但不是最优秀。"报告提出，"坚定决心加强优势，消除劣势，寻求机遇，灵活而创造性地面对困难"。该报告得到了来自校董事会、教员和管理人员的广泛支持。

这项改革建议具体体现为被称作"指令"的 12 条总体思路。简单来说，主要包括提高教员数量和质量，加强研究生和本科的学术经历，强调人文学科，增加师生的民（种）族和地域多样性，扩大和加强学校硬件及环境建设，实施更为"开明"的管理，吸引更多财政支持，与当地社区及得克萨斯州政府建立更加密切的关系。

1999 年，就在学校董事会通过《愿景 2020》报告仅仅 6 个月后，学生为庆祝一年一度得克萨斯农工大学和得克萨斯州立大学足球赛的一座由5000多根木头搭建的18米高的篝火堆发生坍塌，造成12名学生死亡、27名学生严重受伤的重大事故。篝火晚会一直是得克萨斯农工大学过去90年中最珍贵、最受欢迎的传统活动之一。此次事件使得整个校园遭到严重破坏，学校领导者只能将全部精力投入这次悲惨事件的处理之中，伯恩校长在其剩余的任期内更是如此。直到2002年8月我就任该校校长时，《愿景2020》方案的实施成果可以说是乏善可陈。

早在考察征求意见阶段我就非常明确提出，如果要我担任该校校长，我将重新考虑研究学校的改革蓝图。正如我之前所说的，我对做一名仅仅维持学校现状的校长没有任何兴趣。我不希望自己的目标有任何幻想的成分。

刚到得克萨斯农工大学上任后，我就任命地球科学学院院长大卫·普赖尔博士担任执行副校长和教务长，即我的副手。我们立即制定了一个非常严格的调研行程，逐一走访了各个院部（工学院、农学院、理学院、人文科学学院、兽医学院，以及其他所有院部），认真听取了学院院长、部门领导人，以及广大教员的意见建议。我当时就得出结论，《愿景2020》中的12条目标是不可能实现的。要同时实现如此繁杂宏大的改革目标，如果不是灾难那只能是一些无关痛痒的套话。所以在每个院部走访期间我们都会问他们一个问题：对哪三四个改革目标的优先推进既可以起到打破均衡的杠杆和动能作用同时也可以推进其他改革目标的顺利实现。

不到一个月时间，9月初，我向教师评议会提交了我的调研报告。我告诉他们，我们就需要优先推进的四个方面的改革初步达成了一致：我们需要增加教职员工，提高工资待遇。我们需要大力增加研究生奖学金和其他财政支持。我们需要解决教室和实验室空间严重不足的瓶颈性短板。我们需要大幅度提高并保持少数族裔师生的招收比例，我们在这方面做得很不够。

另外我还强调了两点：首先，我们不能以削弱我们的优势学术项目为代价发展我们的弱势学科。第二，《愿景 2020》只是一系列美好的愿望，并非计划。我希望每个学院都能够制定出具体的一年和五年目标并配以清晰明确的重要阶段以及改革成果评价指标参数。我说我希望每个学院都能够制定出能够反映其优劣势的独特目标。我不容置疑地指出："得克萨斯农工大学在改变，而且更大的改革也已启动。学校做好了迈上新台阶的准备。"经过仅仅 3 周的倾听和对话，我们由《愿景 2020》宽泛的改革目标走向了获得全校广泛支持、以四个优先改革项目为基础的全面改革道路。大学通常被认为是改革最难推进的机构。我继承了一套拥有广泛群众基础的雄心勃勃的改革目标和理想。在鼓励广大教职员工确定优先改革目标的过程中，我将全校专业人员变成了我推动改革的同盟者和最坚定的支持者。这在任何公共机构的改革中都是非常关键的。尽管教师都是与生俱来的独立演员，很难鼓励他们集体行动，但各种教师组织却能够发挥重要且具有建设性的作用。我努力与其中每个组织发展亲密的合作关系，我的努力最终换来了教员对我们改革方案的整体支持。

正如我之前所说的，政治往往是公共机构领导者无法回避的一个问题。因此，在成为得克萨斯农工大学校长之前，我将不得不面对得

克萨斯农工大学校友、得克萨斯州州长里克·佩里，有人告诉我他已将该校校长的位置许诺给了曾在该校执教过几年经济学的参议员菲尔·格拉姆。在考察委员会确定我为校长候选人之后，我就接到了佩里的施压电话，要求我放弃候选人资格。他说他不希望我在得克萨斯农工大学工作，许多农工人也不愿意，而且他在将来会重新任命所有董事会成员，暗示我在校长岗位上将面临非常艰难的工作环境。我最不愿意做的事情就是与得克萨斯州的政治搅到一起，但我也不想因为州长的恐吓而退却。正如我后来对妻子所说的，我亲身遭遇了一位克格勃式的领导者，而这家伙是得克萨斯州众议院的一位新晋议员。我告诉佩里，我完全接受学校董事会的最终决定。他任命的 3 名董事会成员，包括格拉姆的妻子，她并没有遵守在涉及自身利益的问题上当事人应当回避的常规，后来全投了我的反对票，而得克萨斯州前州长乔治·沃克·布什任命的 6 名董事中 5 人投了我的赞成票，1 人“勇敢地”投了弃权票。尽管表面上我和佩里都会尽量维持一种公共礼仪，私下里，在我担任得克萨斯农工大学校长的整个时间里我俩完全是敌对关系。我曾经多次以私人名义亲笔写信与他联系，但从未收到过他的任何回应。他不赞成《愿景 2020》。

如果一个领导者不能在工作中为自己树几个敌人，那他一定是一个无所作为的人。公开反对民选官员或者自己的老板，或对他们不忠是一种奢华的享受。如果作为领导者不能说服他们，适应他们，或者与他们达成一致，如果他不能凭良心做事，那他必须辞职。没有任何工作值得出卖灵魂。尽管州长是一个非常令人讨厌的家伙，我依然可以按照我认为最好的方式去工作。

那么，我作为新领导者的经历与其他政府或企业领导者制定改革议程，即未来行动愿景有什么关联。毕竟，几乎没有一个人的工作会面临苏联解体或如何重新调整冷战后美国情报工作方向，领导战时军队，或者重新确立一所规模庞大的大学的发展定位等局面。

我想给新领导者的一个启示就是外部环境和挑战必须成为其制订改革方案的焦点。外部环境有时候会主导你的改革方案。领导者应当视具体情况而为。无视官僚主义战场的现实毫无意义：领导者绝对不能仅仅因为与自己预先设计的计划或目标不一致而对抗现实。他的计划必须适应这种情况，因为这是在确定一个针对当前和未来的改革方案。

另一个启示非常简单：在制订改革方案的过程中，作为改革代理人，所有领导将不得不确定眼前问题和长远挑战的相对重要性，并考虑清楚在这一过程中如何处理好时间和精力的分配。如果新领导者正面临一项迫在眉睫的危机，那就必须毫无迟疑地优先处理，无须与长远目标完全一致。如果领导者受命负责的机构正面临十万火急的危机，他首先应当做的不是看 PPT、听报告，而是火速亲临一线、实地解决。他首先必须咨询专业人员，明确应该采取什么措施才能解决这项危机，然后立马行动。对眼前危机的成功应对也有利于他对长远挑战的解决。

最后，在挑战现状的过程中，即便听取了每个人的意见，领导者有时候也要做好孤军奋战的心理准备，即使没有一个支持者，他也要义无反顾地向前冲。许多领导者培训和管理课程，不管是针对企业还是政府机关，都特别强调团队合作、团队建设、团体动力，以及建立共识。这些观点都很重要，但是在确定改革方案，特别是转型改革方案的时候，领导者的很多工作几乎总是在与共识和传统观点做斗争。人们会觉得他是错的，也会如是告诉他。改革方案必须是一棵能够经历风雨检验的橡树，而非一朵弱不禁风、徒具外表的雏菊。

无论机构规模大小，成功地领导机构实现改革目标既不是为了照顾弱者，也不是为了一己之私利。领导者在制订改革方案的过程中听取的机构内其他人关于如何改革的意见、评估，以及想法会从各个层面发挥重要的作用。当然，考虑到机构的实际情况，领导者必须就机构改革的道路独立做出决定。重要的是要记住，在任何公私机构中，无论有 300 万员工还是只有 3 人，有一个界定明确且可实现的愿景或目标，并能够正确处理好重点改革项目与一般项目的关系是成功实现机构改革目标的先决条件。毕竟，正如美国传奇球星尤吉·贝拉所说的："如果你不知道自己的前进方向，你最终必将行之他处。"

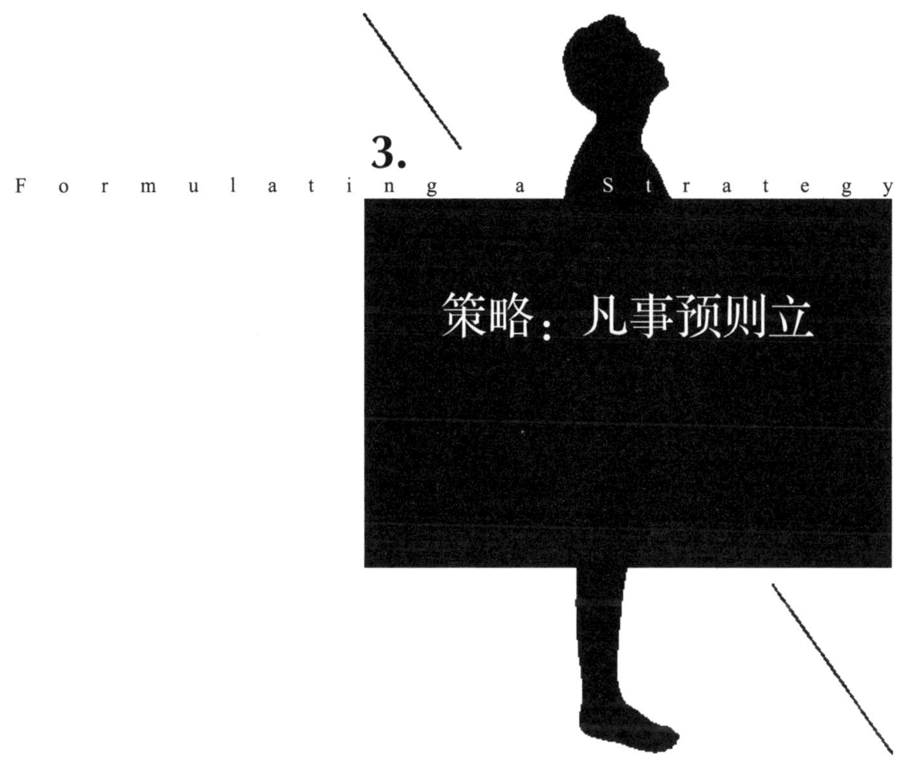

3. Formulating a Strategy

策略：凡事预则立

只要有了明确定义的改革目标，新领导者就可以埋头前行而不管后果吗？不能这样做。绝大多数情况下，尤其是在公共领域，新领导者往往会带来一个大大的改革方案，做一个非常棒的演讲，然后……就没有然后了。因为他们没有计划，没有实施策略。

奥巴马总统上台第一个月在开罗的演讲就是这样一个很好的例子。那是一个非常精彩的演讲，坦率地承认了美国在中东地区的政策失误并描述了他将在该地区采取的新策略。阿拉伯地区广大听众为他的演讲欢欣鼓舞。但是仅仅几周之后，当发现奥巴马对自己的愿景根本没有任何跟进战略或计划时，他们的热情就变成了怨恨。这无论在公共领域还是私营领域都是非常常见的。

深思熟虑的实施策略在机构改革中具有关键性意义。对于每一个我认为重要的问题，不管大小，我总会花费时间制定一个具体的目标实现策略，并明确用以评价改革成效的阶段性预期成果和最后期限。你做事不能完全指望运气或美好的愿望。一开始就要和衷共济，努力争取内外部资源对改革议程的支持。明确改革次序并据此确定你的目标，以及实现每个目标所需的管理工具和技巧。接下来再认真物色你的助手。

A Passion for Leadership

无论在公共领域还是私营企业，任何类别的机构要想取得改革成功，领导者必须获得执行组织使命的一线员工的支持。肯定他们的关键作用并尊重他们，改革才能取得更大的成功。

尽快消除员工对自己改革方案的疑虑是领导急需解决的问题。至少，反对派应当被击败或缴械；最好，能够赢得他们的支持与配合。动员、争取各方资源对改革的支持需要花费大量时间和精力，但也往往是被新领导者忽略的重要环节，因被认为是“做秀”或者“收买人心”而遭放弃。

我之所以知道这一环节非常重要是因为在我的职业生涯早期，由于对这一点的忽视最终酿成了惨痛后果。1981 年，与新当选总统罗纳德·里根政府的许多高级官员一样，时任中央情报局局长威廉·凯西对中央情报局的情报分析质量非常不满。的确，在白宫国家安全委员会先后为尼克松、福特，以及卡特总统服务的五年半时间里，我也听说他们对中央情报局的情报分析工作颇为失望。我一直觉得他们的情报分析工作仍有较大提升空间。1981 年底，我是负责凯西局长办公室和鲍勃·伊曼副局长办公室工作的中央情报局高级官员。我给他们写了一份陈情信，详细陈述了我认为一旦实施就可以显著提高中央情报局情报分析质量的具体改革措施。后来，在分管情报工作的副局长一职出现空缺时，他们越过众多更高级官员，直接擢升我为分管情报工作的副局长，并负责实施我向他们提供的情报分析工作改革建议。当时我只有 38 岁，缺乏领导大型直线组织的工作经验。

我立马着手启动改革工作。回想起来，当时中央情报局的许多高级官员显然非常清楚中央情报局情报分析工作需要一次重大变革，大家都认为我们对总统及其高级顾问的情报分析工作已变得心智怠慢，缺乏足够的严密性。但是深信已成竹在胸的我当时并没有咨询其他同事的意见。相反，面对挤满中央情报局礼堂的管理人员和情报分析员，我直陈过去情报分析工作的失败与缺点，很少言及过去的成就，并当场宣布了将完全颠覆过去情报分析工作方式的十余项改革措施。作为一名刚履职的老板，在一小时内，我居然想方设法地惹怒了为我工作的每一位员工，并激起了原本赞同我对中央情报局情报分析工作的得失诊断和改革措施的同僚对我的抵抗。这是最糟糕的改革起航。

我在主管情报工作的副局长任上干了 4 年，随着时间的推移，我当时强力推行的许多改革后来都被认为是必要的并得到了认可。在绝大多数政策制定者的眼里，我们的情报分析质量有了实质性提高。但是，由于我最初在推动改革的方式上所犯的错误，内部的怨恨持续了好长一段时间。

我吸取了自己的教训并应用到后来的每一份工作中。上任伊始，不管在哪个单位，我的工作目标就是其角色和态度将会决定任何改革创举成败的职业员工。争取专业骨干的尊重和支持或者至少争取他们的坦诚相待，在新领导者的工作日程中应当具有非常高的优先性。

一开始就能争取到不管是真诚的还是形式上的尊重行为和姿态对于缓解抵制和劝说人们接受领导者试图推动的项目都具有非常显著的意义。接下来我将要描述的行动对于我担任过一把手的三家机构具有特殊的针对性，但是对于其他任何公共或私营机构都具有简单而普遍的适用性。

教师对大学行政管理人员以及他们提出的“共同治理”假意承诺疑虑颇深。借用马克·吐温的一句话，行政管理人员做出这种承诺“会满足一部分却也震惊其他所有人”。不过，将提高广大教师的管理地位作为得克萨斯农工大学广泛认可的改革议程的首要任务，这个问题很快就得到了解决。

每年的 5 月、8 月、12 月，得克萨斯农工大学都会举行毕业典礼。在我担任校长之前，毕业典礼的入场顺序都是副校长打头，然后是各学院院长，最后才是教师。端坐主席台第一排的是副校长，院长紧随其后坐在第二排。出席典礼的教师座位则被安排在几乎谁也看不见的主席台旁边的第一层。在我担任校长仅仅几天之后的8月份举行的第一次毕业典礼上，我将院长安排在主席台第一排就座，他们有些人反倒因为整个典礼期间必须全神贯注而不能阅读《体育画报》或查收电子邮件而略有不满，副校长紧随其后，在第二排就座；教师则与行政人员一起在加宽的主席台右边就座。在接下来12月份的毕业典礼上，入场仪式中教师走在最前面。毫无疑问，这些都是一些非常微小的、象征性的改变，但是教师都会注意到。

我刚到得克萨斯农工大学时，学校基本上由几位行政副校长负责。学校的财政预算、空间分配，以及开支的轻重缓急等大小事项都由他们决定。作为校长，我只能偶尔向他们提供院长和教师的意见、建议。我下定决心要将学校学术使命的重要性提到行政管理之上。当你知道重行政轻学术的现象在高校的普遍程度后你会大吃一惊。得克萨斯农工大学的学术项目总负责人、教务长大卫·普赖尔博士，也兼任了学校执行副校长，在当时不过是一个空洞的敬称。通过要求行政副校长需经执行副校长/教务长向我汇报工作，我将执行副校长一职变成了实职，并再一次向他们传递了学术需要将驱动行政决定的信息。学校的学术总负责人将成为整个大学的首席执行官。

上任不到一个月，我就向学校教授评议会报告上述及其他更多改革方案。我告诉他们，我要创立4个由8人到10人组成的专门向我和教务长负责的委员会，其中3个委员会由学院院长兼任主任，成员包括教师和行政人员。由商学院院长兼任主任的财经委员会将参与学校财政预算制定并就如何使学校的财政投入更好地满足学术需求提供咨询。学术研究委员会由理学院院长兼任；教育委员会由教育学院院长兼任。建成环境委员会由副教务长兼任，该委员会将就学校现有和将来新建筑的分配提供咨询。

我还告诉教授评议会成员，我理解过去的管理实践给大家造成的怀疑，甚至玩世不恭。我请求他们忽视我之前的言论，认真审视我们的所作所为，并且对我在实现学校使命的过程中试图建立的肯定学院和教师主体地位的管理模式的努力和改革予以支持和配合。

除此之外，我还采取了其他一些提高教师管理地位的措施。我邀请教授评议会议长固定出席我的校长办公会。我跟他们说我们没有任何需要向教师保密的事情，“毕竟，这里不是中央情报局”。我会定期与教授评议会执行委员会碰面并征求教师对学术研究委员会和其他工作组的工作意见和建议。我还创设了一个新的奖项：“校长卓越教学奖”，获得该荣誉的两位教授每年将获得 25000 美元的奖金。该项奖励对教师产生了巨大的吸引力，但同时也刺激了另外一部分人的神经，他们认为作为研究型大学的得克萨斯农工大学的教学远没有达到与奖励金额等值的一流水平。

对于习惯了被忽视的选民，在这里就是教师，最能给他们留下深刻印象的是在他们提出意见后老板能够当场爽快地说：“这真是一个绝妙的好主意。那我们就这么干吧。”刚到达得克萨斯农工大学之后，我就开始了寻找这种机会的意见征求之旅。

上任半年之后，我宣布我们将招聘 450 名新教师，并由各学院院长和教师与教务长共同决定新晋员工的职位分配。这对无论是学校的课堂师生比还是学术研究都产生变革性的重大影响。

通过上述行动以及其他更多工作，外展服务、象征性举措，以及其他努力，到第一学期末，我在院长和教师中找到了我想要的重要盟友。没有他们的支持，我什么事情也做不成。总体而言，赢得朋友和盟友的闪电行动花费了我许多时间，但是这些投资在我开始推动改革时给了我非常漂亮的回报。保持和加强学校优势传统是得克萨斯农工大学上下达成的一致观点，这些传统优势是得克萨斯农工大学保持其独特性的核心要素，也是防止其他高校超越我们的杀手利器。

担任国防部部长之后，我采取了同样的策略，通过尊重和认可举措，尽早赢得了盟友。在我被提名国防部部长时，就有谣言盛传我将清洗前任唐纳德·拉姆斯菲尔德时代的高级文职官员，并将任命新的人员代替他们。但是对这一点我早就学到了一手。许多年以前我还在中央情报局的时候，当时的一位局长到任时从外面带来了一帮自己的助手。他的整个任期都是在中央情报局资深职业雇员的强烈敌意中度过的。在履职之前，我就决定不会在上任伊始调整五角大楼内任何高级官员的职务，并将孤身一人走进五角大楼的大门，完完全全的孤身一人，我甚至连一个私人秘书都没有带。这既是一种自信的表现，也是对在任职员的尊重。同时意在告诉大家，在两场战争进入日益艰难的关键时刻，试图寻找并确定新人将是对我们宝贵时间的巨大浪费。这与我赴任得克萨斯农工大学校长时的策略完全不同，彼时，我更愿意调整高级管理人员，因为正如我之前所说的，我有充足的时间且没有面临紧迫的危机。

针对军方领导层，我采取了一些措施。拉姆斯菲尔德在任时几乎总是在他的会议室听取参谋长联席会议报告。当我需要听取他们的集体意见时，我会到他们被称为“战车”的会议室。我会尽量争取每周去他们那里一次，即便没有其他需要集合的理由，也希望听听他们有什么新的想法。同样，接任国防部部长后，我并不是召集分散于全国和全球的 10 多位主要军事主官回五角大楼向我述职，而是由我前往他们的总部听取汇报，我去找他们。上门听取汇报为我提供了在他们的“原生”栖息地与他们见面的机会。在那里，他们会感觉更加舒服，而且还为我提供了与他们手下的男女军人见面的机会，他们身上往往有许多值得我学习的东西。我会尽量出席这些主要军事主官的就职典礼。我坚信我对这些高级军官的尊重一定会赢得他们对我改革努力的巨大支持，或者即便他们对我的做法有不同意见，也一定不会想方设法地挖我的墙脚或者跑到国会去破坏我的努力。我的许多前任经常遭遇这种情形。

直到2004年，美国中央情报局局长不仅是中央情报局的掌门人，而且还是美国“情报系统”名义上的掌门人，对全国其他大约15个主要情报部门和机构的情报收集和评估等决策拥有相当大的控制力。1986年至1989担任中央情报局副局长期间，我将早年从管理失误中吸取的教训应用到实际工作之中，因此我与中央情报局绝大多数高级官员的关系非常融洽。当我在1991年担任中央情报局局长后（我做了不到3年），这种融洽的关系在我的改革工作中发挥了非常积极的作用。

对于其他我不熟悉的情报机构的领导者，我即刻开始与他们建立密切的工作关系。与我的许多前任或者后任以及后来的美国国家情报局局长不同的是，我意识到了我对其他情报机构实施管理的直接权力的限制。我的确拥有实在的影响力，既有法定权力的原因，也有我与乔治·赫伯特·沃克·布什总统关系甚密的原因，但是我很清楚我不能作其他人的老板。我将定期聚会作为获得他们对我雄心勃勃的改革议程支持的机会，我的目标是让美国情报系统适应苏联解体后新的世界格局。视他们为同事而非下属，聆听并采纳他们的意见，我与他们形成了一支强大的团队，在美国情报系统开展了一系列历史性的改革：重组机构，将我们的财政预算和工作重心从苏联转移到许多其他世界问题上来，以及改变我们为国家领导人收集和分析情报的工作方式等。我认为这些经验可以被成功运用到任何需要改革的地方。

还有一个选民群体不管是哪个机构都需要认真培育：机构金字塔底层的群体，一线工人、职员、士兵，或学生。让他们相信领导者心里确实装着他们的利益的唯一方法就是长期的持续行动。花言巧语根本没有任何意义。但是让他们知道顶层领导者关心他们确实很重要，不管机构的类型或规模。

不管是公共领域还是私营领域，绝大多数胸怀改革抱负的领导者都不会花心思走进这些基层去聆听群众的心声。特别是在一些大型机构，对于基层群众来说，领导者是只有在庆典或者特别场合才可以一睹天颜的非常遥远的大人物。有一年夏天我还在中央情报局工作的时候，一位很少来看望我们的高层接班人被发现亲临我们办公室附近。我们办公室一位喜欢嚼舌头的同事大声说，他来看我们，“今天一定是圣诞节”！大学生与部队的同龄人一样，对成人的意图格外戒备，对权力人物更是不屑一顾。

在得克萨斯农工大学时，我在某种程度上变成了学生的监察专员，如果我认为学校的行政机关在学制、学费、学校制度，以及其他方面不平等或者过于僵化，我就会向每个学生表达我的支持。有一年 8 月，我宣布作废了热心过度的校警在迎新日发出的 3000 张停车券。我不仅接受学生终止将他们的小宿舍改成办公室的计划，而且还同意了学生关于延迟一年对另外一栋学生宿舍进行相似改造的请求。我还做过其他无数诸如此类的事情。

担任得克萨斯农工大学校长期间，我经常与学生会领导人见面。我邀请学生会主席——与教授评议会议长一样——固定出席我的校长办公会，而且我也经常前往学生会回答他们提出的任何、所有问题。我几乎出席了学生领导人建议的所有活动。我在学校的每一个遴选委员会、工作组，以及咨询委员会都任命了学生成员。他们成了我的许多改革倡议的坚强支持者，特别是在对诸如推动学校更加多元化等方面。

我觉得我想赢得学生信心的努力是成功的，因为当我受命担任国防部部长离开学校时，有 10000 多名学生前来为我送行。

在得克萨斯农工大学，我的校长办公室主任是一位名叫罗德尼·麦克伦登的年轻律师。罗德尼颇具才情，但是其中一项特殊的才能是他认识并且能够叫得出学校几乎所有员工的姓名，无论是秘书、工勤人员、食堂工人，还是管理员。

每当我要与他到校园里走走时，他都能保证向我介绍我们沿途遇到的每一位员工。可能更重要的是，他知道我对影响他们生活、工作的问题，他们的关切，以及抱怨都非常清楚。他会安排他们的领导者与我见面并讨论这些问题。罗德尼还总是提醒我社区里有我们的员工参与的重大活动，我也经常与他们一起参加。在他的努力下，我才能够与那些在学校生活中发挥着至关重要作用的人之间建立起联系，尽管他们生活在学校的最底层。

每次前往全球各个军事据点、基地，或者前线访问时，我都会与列兵、士官，以及初级、中级军官共进早餐或午餐。通过这些会面，我不但可以了解许多情况，而且这些行为与我之前所介绍的其他行动一样，也是向他们表达尊重的恰当方式。通过对受伤士兵及其家属提供帮助、为前线部队争取急需救生装备，及其他更多努力，部队开始对我的支持有了信心，他们觉得我确实是他们的坚强后盾。

我也会定期走访五角大楼内前任国防部部长们从未进入过的那些办公室。我会到收发室、仓库，以及通讯中心去看望那里的工人。我会参加国防部警察的早晨简报。我也会到专业人员的办公室去拜访，他们许多人都工作在职业链条的底端却发挥着非常关键的作用，但是他们却从来没有见过自己的老板。为了能够确保绝大多数在职人员见到我，他们往往会提前得到我要到访的消息。每次走访我都会尽量待得久一点，保证每一位员工都有时间简要介绍自己的工作，与每一位员工合影、握手，并对他们的工作表达谢意。这种走访具有重要的意义。

担任中央情报局局长期间，为了切实走近基层雇员，我所做的努力包括尽最大努力在自助餐厅用早餐并主动与他们中的许多人坐在一起。有一次还因为这事闹出了尴尬的情况。早餐时我碰到了一群年轻的特工并与他们进行了一次长谈，但在整个过程中我没有告诉他们我的局长身份，结束后我告诉他们我自己直接回办公室。我忘了自助餐厅与主楼之间有一个安检点，作为局长，我没有身份识别卡。安检点一位年轻的执勤卫兵礼貌地拒绝我进入主楼。但他允许我使用他的电话，我打电话给我的办公室，让他们安排解救我。我的那些高级勤务人员火速赶到安检点护送我通过安检口。在他们护送我通过安检口的过程中，我无意中听到他们有人说要将这名卫兵不尊重我的粗鲁行为报告给他的上级领导。我回头告诉说话的那名勤务员，非常明确地说，这位卫兵的行为没有任何失当之处，如果有任何人胆敢打电话给他的领导报告这件事情，我会让他接替卫兵的工作。

我争取和培养各阶层员工支持的举措背后的思维具有放之四海而皆准的适用性，即便我的具体举措并不可取。不同机构所提供的获得内部员工广泛支持的机会不尽相同。所有这些举措都只是领导力的一部分，是你与自己物色和需要的人建立合作伙伴关系的方法。

在启动必将树敌的改革行动之前，明智领导者的改革策略必然包括一场能够尽早为自己赢得尽可能多的朋友和盟友的集中运动。要想成为一名高效的领导者，你必须从一开始就要证明自己是一个理解和尊重机构内所有职业雇员的重要性和意见的人，并且让他们清楚地知道，作为新老板，你希望他们所有人都成为机构改革的参与者和合作伙伴。

看似非常简单，新领导者刚一上任就应当重视的另一个重要策略是尽快控制自己的时间。无论机构的规模大小，老板的时间就是他最宝贵的财富。时间就是他的“资本”，而且他只有一段有限的时间可供消费。每天都会有无数与自己的改革议程根本无关的事情需要占用领导者的时间。的确，正如人们提醒的：任何机构防止领导者干预、插手，或者改变现状的最有效的防御手段就是让他的日程塞满会议。

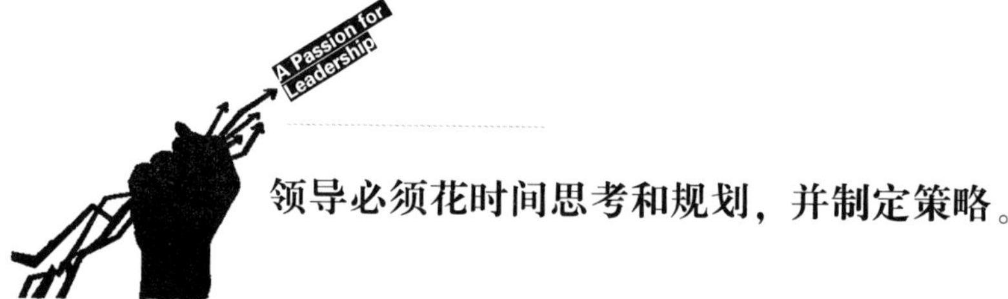

领导必须花时间思考和规划，并制定策略。

领导机构改革需要坚持不懈的关注和努力。如果领导者想要实现转型变革，他就必须全身心地投入这项事业。即便走在路上，领导者一定总是在思考他正在努力推进的事情以及如何推进。任何事情都不能敷衍了事，而且几乎没有不重要的事情。对于期间出现的所有问题和挑战，领导者都需要制定相应的处理、消除或者利用等策略。在出席任何会议、新闻发布会，或者公开演讲之前，我总要思考如何推动改革议程。机构改革是一项非常复杂的工程，而且人们对改革的支持也都是尝试性的，所以任何疏漏或失误都有可能使整个改革努力毁于一旦。

整个策略的制定过程需要花费大量时间，而且大型机构的领导者都有一个共同的缺点，总是被日常事务、会议、差旅所牵绊，他们总是忽视自己的改革议程。我通常每天都会抽出一小时左右的时间来处理我的议程。我的正常上班时间基本上都在忙于满足别人的要求。如果我不小心，日常事务会消耗我一整天的时间。但是在每天的“安静时间”，我就可以思考我们取得了哪些进展，还存在哪些问题以及如何解决，每个人的表现如何以及是否足够理想，以及仔细考虑实施改革议程的策略等。

我之前就说过，新领导者的改革策略需要包括选拔物色自己的副手。这是非常重要的，因为他在任何可能的情况下都必须代表领导者并具体实施他的改革议程中的每一个举措。领导者必须非常仔细谨慎地选择代理人以确保他们能够按时实现既定的目标，并且能够使改革事业得到广泛认同和必要支持。

然而，对于有些举措，领导者必须亲自推动，必须让别人看到自己在努力，而且必须花费时间去做。我在国防部遇到的绝大多数挑战都是如此复杂的机构内根深蒂固的问题，涵盖这么多部门，因此没有一个人，或者除了部长，谁也没有权力或者资源能够解决绝大多数问题，包括为前线争取适当的装备和取消重大项目。因而，与在中央情报局或得克萨斯农工大学时不同，我不得不亲自并日常性地参与我的改革议程几乎所有重大举措和改变的实施中。例如，2009 年初，在确定需要砍掉的 30 个重大采购项目时，在仅仅两个月时间内，我主持召开了 40 次会议。每两周我都要与负责监督反地雷防伏击（MRAP）装甲车生产的工作组碰一次面；在其他绝大多数涉及伊拉克和阿富汗战争的举措方面基本上也都是这样。尽管每个工作组的负责人都非常有能力，我也需要经常亲自参与他们的工作以防止官僚主义破坏他们的努力。2010 年当我们决定削减五角大楼 1800 亿美元的行政经费预算时，正如我之前所说的，仅 5 月中旬至 12 月中旬期间，我主持召开了 60 场持续 1—8 小时不等的会议。

国防部与中央情报局和得克萨斯农工大学的情况完全不同。在中央情报局和得克萨斯农工大学，我将改革工作全面交由各个工作组和委员会负责，只有在改革议程取得阶段性成果后需要开启新的任务时我才会与他们进行一次简单的交流沟通。在这种情况下，对领导来说重要的事情就是为实施具体负责改革工作的工作组和委员会授予强大而明确的授权，然后物色不仅总体上赞同你的改革议程（即便不能完全赞同你的具体改革措施；毕竟，你确实需要创新与妥协），而且实际上能够借助其在机构中的地位和声誉为你的改革议程赢得广泛支持的人担任这些工作组和委员会的领导者。在中央情报局和得克萨斯农工大学时我还分别要求我的特别助理和办公室主任负责监督工作组的改革推进工作并及时向我汇报他们的工作是否正常，并且评估他们的工作是不是符合我的改革议程要求。

变革型领导者需要制定一个体现和包含轻重缓急的改革议程，确定改革举措的先后次序，然后针对自己的目标机构设计一整套创造性的改革议程推进策略。不是所有情况都适合同一模式。通过这些举措，领导者就能够用各种方式在机构改革战场上创造并抓住可以显著提高改革成功的机会。

美国最伟大的总统能够让人们记住的丰功伟绩也不过三四件。如果一个领导者太过于雄心勃勃，他必将分散精力和注意力，失去动力，最终失败。在一个非常广泛的改革议程中，领导者必须慎重选择应当优先推进的项目。

有太多领导者根本不在意哪些改革举措应当尽早推进、哪些不可操之过急。在机构改革战场上调研之际，领导者需要明确哪些改革举措将会受到热烈欢迎并得到广泛支持，哪些将会激起最强烈的反对。无论在任何情况下，受欢迎的改革举措应当率先施行，遭受抵制的举措往后推。通过成功地实施广受欢迎的改革举措，领导者就可以借此为更进一步的改革创造积极的氛围。这样，领导者在推进有争议的改革举措或者面对更加困难的问题时就有了更多政治资本和可信度。

这一点对我在得克萨斯农工大学的改革成功发挥了特别积极的作用。我强烈地感觉到应当开设一个反映 21 世纪现实的新的本科学位，在一位导师的监管和支持下，设计一个横跨多个学院和学科的学位专业。因为这是一种全新的非传统学位，涉及众多学院且没有具体的专业，引起了教师强烈的疑虑。所以我等了近 3 年时间，直到完成几百名新教师的招聘目标，开始启动价值数亿美元的学术设施建设以及其他更多改革目标后，我与教师取得了相当可喜的改革成果，我才开始启动新学位的建设计划。我任命农学院院长艾尔莎·穆拉洛和商学院院长杰瑞·斯庄瑟担任新学位设置工作组负责人，研究设置方案，并任命我认为能够对学位设置工作起到积极推动作用的好几位前教授评议会议长为工作组成员。尽管这依然是一项艰巨的任务，我们的新学位设计方案最终还是获得了批准。

A Passion for Leadership

若想实现特别具有挑战的改革目标，领导者应该做好随时调整自己的改革策略，以使其适应目标机构文化的准备。设计实施策略时，领导者需要在战术创新以及非正统途径和新奇元素方面花费大量心思。

我在得克萨斯农工大学加强族裔多元化建设的改革方案恰好需要这样的调整，一个非正统的策略。尽管学校的少数族裔学生在不断增加，但是其所占比重依然明显落后于得克萨斯州的人口结构变化。我下定决心改变这种现状，但是我清楚我必须仔细设计一个实施策略以赢得包括保守的校友、学生、教授评议会，以及其他对学校具有举足轻重影响力的人士在内的广泛支持。他们中不少人认为在校学生的民族裔多样化没有多大价值，因而花费大量金钱去实现它也就没有多大价值。所以我的实施策略就必须得针对得克萨斯农工大学和它的文化进行特别设计。

2003 年 12 月，在美国联邦最高法院批准大学在招生中禁止使用《平权法案》几个月之后，我宣布了一系列扩大招收和雇用少数族裔学生和员工的举措。我们将建立一个面向全州的“未来学生中心”网络，长期招聘、招收少数族裔，并在得克萨斯州少数族裔聚集的主要城市以及墨西哥边界城市设立配备双语员工财务室。我宣布设立一个为期四年的新生奖学金项目，每年资助名额 600 个，4 年共计 2400 个，为来自家庭年收入低于 40000 美元的第一代大学生提供每年 5000 美元的奖学金。对于家庭年收入处于 40000 美元水平的大学生，我们可以提供其他助学金和奖学金，所以这些学生实际上可以免费就读得克萨斯农工大学。从人口统计学角度来说，我们的奖学金获得者中少数族裔的比重大约是 2/3，白人贫困生约占 1/3。

与此同时，我宣布得克萨斯农工大学将废止其他绝大多数高等院校还在实行的《平权法案》。该法案规定，如果申请入学者是某个特定的民族裔，即可以获得额外“加分”。得克萨斯农工大学在招生中只看学生的个人成绩。绝大多数学生和校友对这种唯成绩论的招生政策表示支持，直到几天后我宣布学校将废除优先录取校友子女的招生政策。正如我对学监们所说的，我们不可能鱼和熊掌兼得：既要唯成绩论又要校友子女优先。经过媒体报道，这些招生改革措施最后招来了极大的麻烦，得克萨斯州的一些少数族裔领导者、一些校友，以及许多教师对学校更加多元化的承诺产生了极大的怀疑。对于不分种族的招生政策，绝大多数少数族裔领导者认为这种方法只是得克萨斯农工大学防止少数族裔学生数量增长的方法和歧视少数族裔的证据。

在我公开宣布这些招生政策改革仅仅几天之后，我即被传唤前往州议会大厅接受10多名少数族裔议员的质询。他们用非常形象生动的语言痛斥了我将近两小时。多年来频繁接受国会质询的我习惯了这种场面，所以我只是坐在那里静静地忍受，一遍又一遍地、礼貌地重申我们想要招收更多少数族裔学生的承诺。我并没有能够明显平息他们的愤怒。有一位非常有权力的州参议员，名叫罗伊斯·韦斯特，是来自达拉斯的非洲裔美国人，他就得克萨斯农工大学同少数族裔企业合作的纪录非常不尽如人意提出了严肃批评，但是他对我的快速回应留下了非常深刻的印象，他公开指责我并宣称不同意我的决定。然而，私下里他说他想帮助我并告诉州里的其他少数族裔领导者，我应当被赋予获得成功的机会。他邀请我到达拉斯与少数族裔社区活动家以及《达拉斯晨报》编委会交流，而且在两次访问交流中，他都一直陪着我并做我的向导。他不断公开宣称我顺利实现了我过去的承诺，而且他相信我可以再一次实现承诺。我永远也不会忘记他对我的信心和对我不顾风险的支持。他帮我争取了成功实施改革策略所需的时间。

担任得克萨斯农工大学校长10个月之后，我就实施了量身定制的增加学校学生族裔结构多元化的措施：取消招生中少数族裔享有的平行权和校友亲属的优先录取权，并斥资数百万美元启动了一项独特而积极的招聘、招生项目。这项改革措施受到了校内外的一致抵制。但是作为领导者，有时候必须清楚怎么做最有利于机构的长期利益，振作精神，做一个艰难的决定，埋头苦干，勇往直前，哪怕是孤军奋战。

我非常清楚，如果我真的想要实现提高得克萨斯农工大学少数族裔学生比例的承诺，我就必须采取与该校文化相适应的非正统策略。我下定决心要说服拉美裔和非洲裔美国人相信我要提高学校少数族裔学生和教师比例的举措是非常严肃和认真的，同时也下定决心说服大学社区，让他们相信，师生族裔的进一步多元化对提升学校的地位和学校的未来都是非常必要的。

我用接下来的3年时间实施提高师生族裔多元化的策略，成果显著。到2006年秋季学期，学校招收的非洲裔新生人数相较于2003年增长了77%，拉美裔新生增长了59%。特别是面对全国主要公立院校少数族裔学生招生人数锐减的情况，我们增加招收少数族裔学生的成功事迹登上了《高等教育纪事报》的头版头条，也得到了《休斯敦纪事报》的认可。自从我实施扩招少数族裔学生政策以后，得克萨斯农工大学本科毕业生中非洲裔和拉美裔学生比例由2002年的10.6%增加到了2012年的23.6%，这是一个非常可喜的进步，尽管还有持续增加的空间。

担任国防部部长后，我的优先战略就是输送更多军队到战场，为他们争取完成使命所需的装备，确保他们安全回家，而且，如果不幸受伤了，为他们安排最好的康复治疗，这与五角大楼众多高级官员的优先战略大相径庭。他们的兴趣点根本不是伊拉克和阿富汗战争，而是为美国将来与世界主要民族国家的战争做规划和购买装备。因而，我设计了我自己的改革战略。我最急需改变的事情，也令我震惊，居然是让这些高级领导人的注意力回到伊拉克和阿富汗。

奥巴马总统的第一任白宫办公厅主任拉姆·伊曼纽尔说过，千万不要浪费任何一次危机，这是对所有领导者非常重要的一条金玉良言。另外，我还想补充一句，如果一个新领导者能够非常漂亮地化解眼前的危机，就可以产生巨大的涟漪效应，极大地提高他的权威和解决其他问题的能力。

担任国防部部长后我面临的第一个管理危机是2007年《华盛顿邮报》的一系列报道所引发的后果。这一系列报道详细披露了华盛顿沃尔特·里德陆军医疗中心肮脏的生活环境和官僚主义乱象，在伊拉克和阿富汗战争中受伤的士兵必须到该中心接受治疗和康复。沃尔特·里德陆军医疗中心门诊伤兵护理丑闻说明尽管有一流的医护技术，但是门诊伤兵所需要的长期护理与康复却被严重忽视了；他们还必须艰难地与军队医疗机构做斗争。从2003年开始，沃尔特·里德陆军医疗中心和国防部都普遍预测，也是希望伊拉克战争将很快结束，这样我们就可以陆续撤回我们的部队，而且我们也可以回到正常状态。所以就连打破现有组织、制度，或项目的常规以满足战事需求都没有多大意义，更不用说建立或资助一系列旨在满足战争中受伤的官兵所需的新医疗机构或制度、项目等。

沃尔特·里德陆军医疗中心为我提供了一个改变这种心态从而借以解决其他更多影响战争问题的机会。我宣布帮助我们的受伤官兵及其家庭将是我们“远比战争本身”更重要的最高优先战略。因为五角大楼有太多不同的部门，所以我成立了一个伤兵工作组，就我们的工作进展情况每两周向我做一次报告。伤兵工作组只是我为了实施扭转战局的优先战略所设立的众多工作组中的第一个。这些工作组不仅成为我解决战争相关问题的必要工具，也成为我解决国防部其他问题的重要帮手。

我知道，就我个人而言，为了给前线的军队提供更好的支持，我必须将国防部变成一个战场并设计出一系列赢得这场内部战争的策略。

战争来得又快又激烈，包括针对明显能够为行进中的部队提供更好保护的反地雷防伏击装甲车项目，但是这一项目受到军方和国防部几乎所有高官反对；改进情报、监视、侦察，以及能够更好地探测和防御路边炸弹的装备；针对官僚主义涣散和空军反对的复杂改革方案；减少阿富汗战场救伤直升机的架次，这是又一个受到几乎所有高层反对的项目。可以确定，对将国防部变成一个内部战场起到推波助澜作用的一个行动是我上任部长不到 3 个月时间即罢免了沃尔特·里德陆军医疗中心主任、陆军军医局局长和陆军部部长的职务。我明确告诉他们，在涉及官兵需求和他们的医疗服务等问题上，我绝对不会容忍冷漠、阻挠，或者敷衍了事的承诺等行为。

1991 年 11 月担任中央情报局局长之后，我的改革策略是多种改革举措并举，快速改变中央情报局和其他情报机构，而且都设了很短的期限。与国防部和得克萨斯农工大学的改革需求受到不少质疑的情况不同，中央情报局和其他情报机构几乎所有人都意识到我们进入了一个非常不同的新世界。因此，我的情报系统改革努力总体上没有遇到什么反对，尽管会有一些具体的建议。

秘密和“须知”是情报机构文化不可或缺的要素，但是我认为我需要改革的结构和程序方面，或者我们工作方式改革的绝大部分，应该没有什么特别敏感的东西。因此，从一开始我就明确宣布，为了全面了解和收集评价与反馈，20 多个工作组的报告将被广泛传阅，就像我在准备实施工作组的建议之前所做的决议备忘录草案应当被广泛传阅一样。我希望最具包容性的改革过程能够在最大程度上邀请最广泛的情报专业人士参与。

当然，最好的愿望有时也会出错。我设立的众多工作组中，有一个工作组的任务是专门研究中央情报局如何与媒体和公众的关系更加亲密。工作组收集到许多很好的建议，包括解密几十年来针对苏联的情报分析文章，提高媒体采访情报机构高级官员的便捷度，协调解决解密文件的可及性，以及放宽对学者接触机密档案的限制条件等。不幸的是，媒体报道或者“泄密”工作组关于“开放”的报告居然被列为“机密”，这使我们受到了相当激烈的批评和嘲讽。我立刻下令解密了这份报告，但是伤害已经造成，这次事件又一次证明积习难改，官僚主义往往是自己最强大的敌人。

新领导者的改革举措中常用的一个策略是重组机构。但是在绝大多情况下，他们都混淆了组织、名称的改变与真正的组织改革之间的本质区别。他们认为只要将组织结构图表中的几个模块调换一下位置，改变谁向谁负责的形式，将虚线改成实线，诸如此类的做法就可以解决和代表真正的组织改革。这是一个几乎是完全错误的观念。如果你遇到了一个醉心于通过调整模块结构实现改革目标的新领导者，通常意味着他根本就没把改革当回事儿，或者他根本不明白如何领导改革。

如果领导者想要诚心实意地推动改革，他就必须明白，改革的主要目标是人们如何工作，而非在哪里工作。你如何才能让员工在工作上更高效、更有生产力、更负责、更有胸襟，表现更优，而且不要让他们在组织机构图表中的位置对他们产生什么影响。当然，针对这个一般命题也有一个例外：撤销组织机构图表中的一些模块，减少层级，几乎总是最好的事情。

重新调整组织模块，特别是涉及办公室搬迁，也会极大地扰乱一个组织的局面。员工们会担心他们个人或办公室的地位在重组的机构中是否会有所提高还是降低，而且在这场抢椅子的政治官僚游戏中他们很有可能会发现自己最后失业了。中央情报局负责苏联外交和内政情报分析的大办公室于 20 世纪 80 年代初搬到远离总部大楼的一栋大楼里；我相信这对他们工作质量的影响有两年之久。不管是在公共领域还是私营企业，尽量不要挪动模块的位置，不管是物理上的还是组织结构上的，除非在绝对必需的情况下。

最后，领导者如何向他的机构和外部支持者阐明自己的改革战略以及打算如何推进也是一个重要的决定。他需要决定究竟是低调地逐步逐项地推动还是举行一次高调炫目的集中启动。

如果你在广泛咨询自己的支持者和战场准备方面做好了适当的准备工作，我的意见是举行一次高调炫目的集中启动。不管我在哪个单位做领导者，我屡试不爽的一个策略就是同时快速启动多个改革项目，各种举措所形成的整体效应能够体现改革的目的性、重要性，以及现实需求的严肃性。对于任何有志于推动机构改革的人来说，单个的举措或行动通常不具有说服力；如果将 10 多个或者更多改革举措同时宣布不容易被忽视或无视。同时全面铺开你打算开展的举措会产生惊人的效果，吸引人们的注意力，而且还可以增强人们的热情和兴奋度。一次性铺开所有改革举措有助于减少隐性议程的不确定性或未来的意外状况。无论员工内心有什么样的恐惧，都可以通过让他们明白他们所有人都有机会为改革方案的具体实施贡献力量来平复。

在被任命为中央情报局局长不到一个月之后，我给美国情报系统领导者做了一次关于他们未来的演讲：

> 现在该是我们关注亟待推进改革的重点、使命和结构的时候了。
>
> 在这一段时间内我深刻认识到改变长期以来形成的结构布局、旧习惯，以及既得官僚利益将要面临的困难。但是，我依然相信在座的诸位都认同情报系统必须经历一场改革，而且刻不容缓。我希望也相信通过跨机构、机构内的通力协作，所有人的意见都能够得到充分表达并受到尊重，所有人和机构对我们未来的结构模式都有一个共同的期待，我们实际上就可以实现真正的改革。

紧接着我向他们详细阐述了我们应当认真思考的潜在的改革领域，我们的改革目标，但是我并没有对我将要设立的 20 多个工作组即将提交的结论做任何预判。由于我前期的充分准备工作和会议上的郑重承诺，我的这次演讲受到了与会领导者的一致欢迎，这与恰好 10 年前我担任中央情报局主管情报工作的副局长之后的那次灾难性的演讲效果形成了鲜明对比。

担任得克萨斯农工大学校长期间我也有一次相似的经历。到学校一个月之后，在面向学校教授评议会的一次报告中，我向他们详细阐述了将主导我在得克萨斯农工大学整个任期的重点改革战略。我说，每一个改革环节，所有问题的解决都无不有待于院长、教师，以及行政管理人员的通力合作。我向他们讲述了我和教务长前几周深入基层，听取各个学院院长、部门主任、教师等人关于学校改革的意见建议的情况，还向他们介绍了通过走访调研，我对我们的改革应关注的四个方面所得出的结论。教授评议会对这次报告的反响特别积极热烈。3 周之后，在一次有大学社区所有支持者出席的全校性大会上，我又做了一次内容基本相同的演讲。

因为担任小布什政府国防部部长时我必须开展的那些改革需要花费大量时间，根本没有办法通过一次振奋人心的炫目仪式来启动。但在奥巴马政府担任国防部部长时，我举行了一次长时间的记者招待会，向社会和公众宣布我将砍掉的国防部 39 项重点采购项目，并详细说明了砍掉这些项目的原因。在这次案例中，尽管我宣布的所有这些决定都经过了国防部内部激烈的讨论和争论，而且国防部官员和各军种领导者都在确定拟被砍项目的过程中发挥了重要的作用，但是为了使其政治效果最大化，我要求对我们即将开展的举措严格对包括国防企业、媒体，尤其是国会在内的所有机构保密。我觉得这是领导者可以选择性使用的一个非常有效的工具。当然，我会不断向奥巴马总统报告我们的准备情况，而且在最后时刻，我也向两个军事委员会的领导人做了简报。这次改革新闻发布会引发了强烈的震动，这也正是我所需要的。一年后，当我宣布缩减国防部近 1800 亿美元的行政开支预算“效率”清单时，我同样采取了对内广泛征求意见、通力合作，对外绝对保密的策略。这次改革新闻发布会又一次引发了强烈震动。这种方式在两次改革案例中都产生了重大的政治和公众舆论优势，对于确保改革的顺利推进发挥了长久影响力。

一个需要长时间精心准备的公开宣布活动是两个改革案例中必不可少的环节，因为所有改革以及背后的原因都是相互关联并且由同一个策略联系到了一起。支离破碎地宣布改革和决定，或者更糟糕，像以前经常发生的那样，允许改革决策和内容提前泄露，将会失去聚合效果，从而也就根本无法产生政治影响力和说服力。这两次改革宣布的爆炸性结果颠覆了人们关于在国防开支问题上国会或军方往往会否决国防部部长具体项目的传统观念。我 2009 年 4 月宣布的 33 项改革，其中有 31 项已在第二年的国防财政预算中实施。另外 2 项在第三年的国防财政预算中生效。

综前所述，一个高效的领导者必须深入所有重要的支持者中间，听取他们的意见并赢得他们的支持；确定改革重点；决定哪些举措必须由他自己领导、哪些则可以授权他人；制定一整套能够使改革成功的机会最大化的战场应对策略；对外宣布改革计划。现在，到了改革最艰难的环节：实施，改革征程中太多良好愿望折戟沉沙的一个环节。

4. Techniques for Implementing Change

实施：推动变革的技巧

关于实施，你的追求与你所期待每一项改革有着相同的结果：切合实际的政策，意义深远而又切实可行的结构和文化改革，得到机构内外最广泛支持且在可承受范围的结果。多年来，为了实现这些成果，我使用过许多技巧。这些技巧适用于所有机构的各个级别的领导者。

在机关，改革的实施过程对于取得长效成果，包括被认可，甚至受到热情的欢迎具有至关重要的意义。只要身处机构高层，任何一个

傻瓜都可以发布改革命令，而且往往确实也是这样。我想我已经清楚地阐述了成功的基础是包容性，吸纳尽可能多的人参与改革，尤其是专业技术人员。

在我担任过的每一个高级领导者岗位上，我都会通过广泛使用专责小组来确定选题，收集建议，以及制订具体实施计划等。为了有效推动和实现改革，我选择依靠特别工作小组而非现有的官僚组织机构，因为如果机构需要改革时你要求常规的机构内的一些组织（相对于内部的个人而言）来承担相应的任务，其结果往往总是这样的：他们几乎永远也提不出能够大规模改变现状的大胆的改革举措或建议。绝大多数总统内阁开始执政时，包括总统和国家安全顾问在内的白宫都会要求政府或国防部就国家安全政策领域的重大改革提出意见建议，以反映新政府在重大优先项目或情况的大胆创新。这种改革努力成为一种惯性过场。近几十年来，国家安全政策的重大变革无一例外都是白宫应要求或者迫于诸如外交危机之类的内部因素或国会强行削减预算的压力而开展的。

在任何一家公司，几乎没有一个业务单位或营业部门的领导者会向公司首席执行官提出对自己的部门进行大刀阔斧改革甚至撤销的建议。不管担任那个机构的领导者，我从来没有遇到哪怕一位部门领导者告诉我他们的部门存在什么样的问题而且他们计划如何改革。我相信绝大多数首席执行官也不会这样做的。领导者必须清楚，任何官僚机构都是无法自我改革的。

要求既定组织提出重新调整或改变他们的工作方式或内容，也就是含蓄地指出他们之前的工作是不充分的、失败的，或者无法满足需求。许多中层或高层领导者都是因为坚持尽量少得罪人，尽量少麻烦人的原则才能够坐上今天这个位子。因此，如果想要领导一场重大变革，你就必须找到一条打破这种官场思维的方法，并为新思维和新方法的形成创造机会。在推进改革的过程中，吸纳广大雇员的参与可以减轻潜在的批评。机构内部本就人才济济，藏龙卧虎；专责小组恰好为这些人才展示自己的才华提供了绝佳机会。

A Passion for Leadership

要想发觉并充分发挥内部人才在改革的每个具体实施环节的作用，最好的办法就是将原本分布在机构内各个部门的人调离他们的日常官僚环境，重新组织，分工合作。

工作组和类似的特别专责小组同时也是官僚壁垒的爆破器。绝大多数官僚机构无论公立还是私营，都是严格的金字塔结构，重要信息只在高层部门之间共享流通，底层部门和员工鲜有获得这些信息的机会。设置合理、构成要素多样化的专责小组可以让来自不同部门的员工实现常规工作中无法实现的交流与合作。新的关系一旦确定下来，即便任务结束，专责小组解散了，这种关系还可以持续好久。

我完全理解委员会的一些与生俱来的缺陷。英国下议院前议员巴尼特·考克斯爵士尖锐地指出："委员会就是一个死胡同，里面的想法很新奇，但是消亡得也很快。"只要使用和指导得当，像委员会、专责小组、咨询委员会及专家调研小组等这种打破机构边界的组织都可以在你领导的改革中发挥异乎寻常的重要作用。然而，任何机构在任何情况下永远不会允许任何一个委员会不受限制、控制，或者无限期地存在下去。否则，他们就会变成威胁。一个高效的领导者必须能够精选成员，组建不同小组，给他们任务，并严密监管他们的表现和行为，然后在任务完成后，除非有特殊情况，立即解散它们。

在遴选专责小组组长与成员时，领导者有机会确保专责小组的建议尽可能影响并代表机构内的所有部门及个人的利益，他们将代表他的意志并有机会考虑并纳入他们自己的想法。精心组建最终必将负责实施改革议程的工作小组非常有利于他们提出自己切实可行的实施建议。除了极个别特例外，我任命的每一个专责小组实际上都提高并丰富了我的想法，而且往往都扩大了改革规模。

专责小组组长的确定是一项非常重要的工作，从中层干部到高层领导者，每一个人都是可考虑的对象，但是最后选出来的那个人必须非常敬业、胸怀理想。组长人选必须了解并完全赞同改革的整体目标。领导者必须能够依靠组长确保专责小组成员提供选题和想法的自由，充分整合有用资源，然后温和而坚定地——如果你愿意，也可以是苏格拉底式地——引导大多数人向既定的改革目标出发，即便他们实施改革的方式有所不同。专责小组组长必须是一个受到机构内所有利益相关者尊重的人，而且还要拥有实实在在的影响力，因为兜售自己的观点将是他工作的一部分。

这就是我在老布什政府担任白宫副国家安全事务顾问和国家安全委员会助理委员会主席时的角色。几乎每一天，我都要就无数问题主持由专门负责向总统提供政策方案和建议的来自政府、国防部，以及其他各部门的高级官员组成的委员会会议。每天早晨，国家安全顾问布伦特·斯考克罗夫特，有时候是老布什总统，都要和我一起确定我们希望国家安全委员会向总统提供什么建议。这就是我的日常工作。

担任中央情报局局长不到一个月时间，1991 年 12 月 4 日，我宣布成立 14 个专责小组，并要求所有专责小组必须在 1992 年 3 月 20 日之前完成组建工作。另外 10 个专责小组的组建工作也在随后的几周之内展开，并且也都设定了相似的较短时限。我在中央情报局或其他情报机构设置的专责小组没有一个不是在短短几个月时间内完成组建工作的，无论工作目标多么复杂。几乎所有专责小组都由情报专家组成，但是至少有一个专责小组的成员全部由情报系统外的人士组成。这些专责小组解决的问题几乎涵盖了美国情报工作的每一个方面，包括设立一个单独的机构专门负责国家和战略成像侦察技术；成立一个新的机构专门负责协调和管理人工情报收集工作，不管是中央情报局情报人员、驻外机构武官、驻外使领馆官员，或者其他人员；重新调整中央情报局局长管理和预算运行机制；改变国家情报评估准备方式；研究如何更好地收集和开发非机密信息，包括互联网渠道，这听起来很初级，但是这毕竟是将近 25 年前的事情；研究如何更好地协调遍布海外的美国各种情报机构的行动；开创提高我们人工情报收集能力的新途径；提高中央情报局对军方行动的支持能力；为决策人员提供电子情报实时评估系统；提高向有关执法机构提供潜在犯罪行为报告的能力，拓宽渠道，增强公众对情报机构工作的了解。

之所以做如此详细的描述，是希望读者对我们所开展的如此大规模改革有一个具体的感知；希望我们的改革触动整个美国情报系统的核心地带。我们遇到的问题也凸显了这些机关的工作重要性以及他们对最优秀领导者的紧迫需求。他们的工作对我们的国家安全具有至关重要的意义。与许多其他公共机构一样，他们的工作真的很重要。如果他们的工作没有做好，正如我们多次亲眼目睹的，就会出现灾难性后果。

专责小组的许多工作目标都具有较大的争议性。几乎所有工作都打破了曾经被精心保护的官僚地盘界限，并颠覆了长期以来的角色与责任。许多专业人士对我将中央情报局部分部门纳入可以更好地整合政府整体情报工作的新“联合”机构的意愿颇有微词。确实，改革几乎涉及了整个美国情报系统。但是我坚信，苏联的解体正好为我们对美国情报机构过去几十年来的工作开展一场全面评估并发起一场广泛而重大的改革提供了所需的重大契机。就在我 12 月 4 日宣布启动中央情报局机构改革不到 4 周的时间，苏联解体了。所有人都认识到世界正在经历前所未有的巨大变革，为改革提供了绝佳机会。

正如我之前所述，如果领导者无法确定自己的任期还有多久，改革的速度就显得非常重要。作为中央情报局局长，面对还剩不到一年时间的总统大选，我当时根本不知道我还有一年还是五年时间来实施我的改革，所以这种不确定性也是我追求改革速度的原因之一。同时国会内部要求通过立法重新调整美国情报系统及其工作方式的压力越来越大。我相信一旦国会立法获得通过，只会让事情变得更加糟糕。的确，10 多年后国会按照这一政策采取的行动得到了证实。因此我提醒中央情报局和其他情报机构高级领导人，如果我们不立马主动出击，国会很有可能会采取我们根本无法控制的改革措施，而且只会造成灾难性后果。

担任得克萨斯农工大学校长后，我大致上采取了相同的方法。在被任命为国防部部长不久之前的一次学术会议上，我向与会人士说明了我对大学改革和管理的理念：

> 执行学校使命的同僚就学校全方位管理和发展方向等重大决策提供建议并积极发挥自己的影响力，如果认为我们只需要为他们提供发挥才智的机会和舞台，那这样的想法真的是太简单了。部门领导者、学院院长，以及校长和教务长必须而且将继续拥有最后决定权。如果这些决定的形成是建立在公开、透明的讨论、争论以及交流与合作的基础上，将会更加优化，也会得到更多的理解和支持。
>
> 基于透明、开放的交流与讨论，以及相互尊重等原则的大学共治理念必将为我们建设一个全方位卓越的文化氛围和进一步提升学校综合实力创造健康、开放的环境。

为了创造这种环境并赋予其真实内涵，从担任得克萨斯农工大学校长第一天起，我就通过全面启用各种专责小组、委员会、咨询委员会来领导改革。与我在中央情报局的情况相似，有些组织是针对具体问题而设立并具有相对较短的历史使命。

在有些情况下，一些机构的内部各部门之间传统上就比较独立。对于这种机构，领导者就必须创建一个新的永久性机构以推动改革的持续进行以及将来长期的工作开展方式。正如我之前所说的，我在得克萨斯农工大学设立院长委员会、教师委员会、行政人员委员会，以及学生委员会等 4 个全校性委员会时就希望他们能够成为永久性机构。我将这 4 个委员会视作推行面向所有院部及行政部门的政策时确保全校性合作的长效机制以及其他任何途径都无法实现的必需的长期性合作。这些委员会是一种全新的创举，最起码在得克萨斯农工大学是这样。

这些委员会在改革议程的实施过程中发挥着至关重要的核心作用，而且拓展和提高了我的思维。每个委员会又通过任命自己的专责小组收集民意并提供建议，他们将来自专责小组的意见、建议再反馈给我。这些委员会能够让我更加深刻地了解领导一个学术或研究机构的改革所面临的挑战，而且特别是在一个许多独立领域不习惯于合作的机构。每个委员会设立的目的就是在确定全校改革重点和政策的过程中创建一个有效吸收全校各个部门利益的空间。

由商学院院长担任主任委员的财经委员会在确定重点项目经费预算、重组校园商业经营、帮助重新调整现有基金以支付诸如教师聘用、教师薪酬增加、提高学校师生族裔多元化项目等新举措的开支过程中发挥了积极的作用。

由理学院院长担任主任委员的学术研究委员会提高了学校的程序效率，学校据此可以帮助教师确保科研经费安全，与其他人合作以提高研究生津贴，以及帮助教师获得许可、专利，以及帮助他们实现科研成果的商业转化。

由副教务长担任主任委员的学校建成环境委员会对现有办公空间进行了调整分配，在我们新招聘数百名教师的情况下，这是非常重要的举措，而且对今后新建学术建筑的教室与实验室分配进行了规划。办公空间，与停车场一样，在大学是一个非常敏感的话题，而且在台面背后也有相似的地盘争夺与博弈的论坛与机制。

最后，由教育学院院长担任主任委员的学术研究委员会开展了一系列广泛的具有争议性的举措，实际上他们开展的每一项工作都为我提供了高效的、得到广泛支持的建议。该委员会所属的旨在提高本科生经历的专责小组将最终拥有10个工作小组并提交了84项建议。学术诚信专责小组建议成立一整套荣誉体系和一个经由选举产生的教师、学生组成的荣誉委员会专门处理学生的舞弊与剽窃等学术不端行为，学校采纳了他们的建议。其他专责小组提供的建议包括但不仅限于诸如在线学习、领导力发展等学术项目，加强夏季课程建设以提高四年制学生毕业率（许多学生毕业需要花费更长时间），以及扩大学校学术荣誉项目等。同时，对我的改革议程具有重要意义的一个项目是由商学院院长担任主任委员的委员会建议创设一个我们之前所提到的大学研究学位，允许本科生在指导教师的支持下设计个性化、与21世纪经济发展更加调谐且与传统课程存在较大区别的专业课程。

之所以对这几个委员会做如此详细备至的描述，是想强调在推动得克萨斯农工大学改革和使用这些新机构的过程中，我希望创建一个永久性的政策制定和共治制度框架。面对坚硬难攻的结构性和文化性问题，有时候必须得采取一些激进措施。

是不是所有的委员会、专责小组、工作小组都降低了改革议程的实施速度？可能吧。然而，正如我在该校的第一个五年任期开局之时所说的："最终结果将会为其正名。在得克萨斯农工大学急剧变革的过程中，教师和学校高级行政管理人员之间将建立起一种非常可喜、基于相互尊重和真诚沟通、平和而又高效的伙伴关系。"

我的改革议程几乎触及得克萨斯农工大学工作生活的方方面面，而且步伐也非常惊人，至少从学术标准来说是这样。因为我在改革的过程中吸纳了如此多的教师、行政管理人员、学生，以及校友的广泛参与，而且令人吃惊的是，我的改革几乎没有受到多少抵制，即便在我离开该校之后，我的绝大多数改革举措仍然被保留了下来。我觉得改革结果尤其反映了广大教师的意见、建议，以及影响力，因此他们对学校的改革给予了广泛的支持并亲自参与改革的整个过程。面对一场旋风式改革，广泛的参与性能够给人带来一种期许、稳定感，以及精神。

担任国防部部长期间，我的专责小组使用原则与在得克萨斯农工大学时的原则大不一样。在这里，专责小组更多的是一种监督机制和工具，负责监督我们关于支持伊拉克和阿富汗战场指挥官决定的执行情况，特别是当我认为速度非常重要或者生命危在旦夕的时候。他们会发现各种问题和僵局，并带着这些问题向我寻求解决方案。每个问题或僵局的背后都是官僚机构要么推诿抵制，要么确实无能为力。

对于预算和规划问题，我设立了涉及整个部门的高级别工作小组，专门负责讨论和评估我的直属办公室和成本核定办公室提交的建议。

作为部长的私人数字天才团队和谎话探测器，由非常精明的克里斯汀·福克斯负责的成本核定和计划评估小组是一个充满智慧的群体。由我亲自负责的那些专责小组为高级军官和高级文职官员就某些具体问题参与讨论并给出建议提供了非常频繁的机会。

领导者还可以开展的举措就是组建一个完全由机构外人士组成的工作小组来帮助发现问题。这种小组通常可以从完全不同的视角提出完整高效的解决方案，而且还能够提供内部组织无法提供的可信度和独立性。当然，这种专责小组也有其自身的缺陷，其中一个就是可能会引起机构内的抵制。同时，外部组织通常情况下都比较难管理，很难按照要求时限完成工作和报告。但有些时候平息公众批评和对外部独立性的需求使得你必须接受这种组织的缺陷。

面对沃尔特·里德医疗中心丑闻余波，我所任命的机构外专责小组正是这种情况。我邀请里根总统时期的陆军部部长杰克·马什、克林顿总统时期的陆军部部长兼退伍军人事务部部长多哥·韦斯特作为调查组组长，就沃尔特·里德医疗中心及其他医院的伤兵治疗护理情况做一个调研。我之所以求助于一个外部机构，主要是我觉得这种组织无论是在军队、伤病家属，还是国会和媒体中间具有更高的可信度，这一点是国防部内部任何组织无法比拟的。

当该组织完成工作过程中，我几乎批准了他们所有的建议，我又任命了一个内部后续专责小组负责监督和跟进我决定的实施情况。实施，正如我之前明确说过的，对于领导改革具有至关重要的意义。一段时间之后，该专责小组又在调查中发现了伤兵治疗看护工作中其他一些有待改进的方面。事实上，随着新问题的不断突现或者老问题以新面貌出现，我决定继续保留这一专责小组。对于如何有效帮助伤兵及其家人，我也有我自己的任务，而且我与该专责小组的常规性会面，为专责小组成员提供一个保持热情的机会，并向他们确保这个问题会持续受到高层的关注，每次会面绝大多数高级军官和文职官员都会参加。任何领导者的直接参与会让他的同事更加投入。

同样，在决定向伊拉克和阿富汗战场的军队提供之前提及的反地雷防伏击坦克以及大规模扩大对情报、监听、侦察的支持之后，我就不断激发提出上述建议的专责小组的工作热情和积极性。关于反地雷防伏击坦克项目，主要是要确保尽快解决生产、资金、交付，以及部署等问题，而且，最终监督开发适应阿富汗全地形变化的车型。关于对情报、监听、侦察加大支持方面，我需要不断向五角大楼内没有按照我的要求积极采购这些设备的部门施加压力。在做出向两个战场提供反地雷防伏击坦克决定3年之后，我解散了专门负责该项目的专责小组，但是情报、监听、侦察专责小组直到我退休时仍在继续发挥作用。在我退休之前，专责小组又向我报告了一系列探测、解除或破坏被塔利班武装日益频繁地用于攻击我们徒步巡逻士兵和海军陆战队的简易爆炸装置的新建议。作为回应，我设立了反简易爆炸装置专责小组专门研制新的应对装备。该专责小组也一直被保留到现在。

尽管情报、监听、侦察专责小组在提高战场指挥官的情报工作能力方面做出了重大贡献，但也暴露出领导者在使用这种专责小组的过程中可能会面临的潜在问题。随着时间的推移，为了物色独具魅力的人选，我对他们的领导者进行了多次调整。更为麻烦的是，我设立的这种为了研究应对战场几周或几个月的短期需求的专责小组却需要花费更多时间和精力扩大对他们的授权以便进行甚至长达数年的研究与发展目标，耗费大量顾问支持，甚至还要为他们颁发“挑战硬币”(军队里军官用于建立团队精神和奖励优秀的一种纪念币，但是在实践中完全不适合用于这种专责小组)。该专责小组不断违抗我要求他们将工作目标和方向仅限在对短期需求之上的指示，通过对长效问题的研究和关注努力争取想要使自己变成一个常设机构。这也是研究解决专责小组固有挑战的一个很好的案例。到了一定程度，这种专责小组就应当被关停，并将他们的功能并入常规组织和程序。可能是我将那个专责小组保留得太久了。

与在中央情报局和得克萨斯农工大学设立许多短期专责小组不同，我在国防部设立的许多专责小组绝大多数基本上贯穿了我的整个任期，主要是因为国防部我没有可用于不断地直接向整个机构持续施加压力，要求他们满足战地指挥官和军队需求的实体。我基本上就是按照这些专责小组的建议实施我的改革议程。只有在是否要对多佛空军基地为军事行动中丧生的士兵举行的遗体回国仪式向媒体和军人家属开放一事上例外。专责小组提供了一个谨慎的方案，即将仪式开放范围扩大到退伍军人组织、家属，以及现役军人。我否决了他们的建议，但是经过一周的外联沟通，之后我直接要求，在征得同意的情况下，将这一“凝重的转运”仪式向烈士家属以及媒体开放。

我在国防部通过常规机构和渠道解决的是评估问题并提出新的解决方案，即是否需要努力将阿富汗战场上的救伤直升机的平均起飞间隔时间由两小时缩减为一小时。联合参谋部和其他部门提供了许多关于存活率、飞行架次，以及其他相关问题的数据，并最后提出建议不要改变现有标准。他们的结论是改变救伤直升机起飞频次不会从实质上提高存活率，但我认为他们不同意缩短飞行时间的建议是基于成本和需要向阿富汗增派更多救伤直升机、战地医院及医护人员等从而会打乱他们的常规部署等因素。我告诉他们，如果我是一位刚刚在爆炸中受伤的士兵或海军陆战队队员，我当然非常希望能够有一架救援直升机尽快起飞送我去医院。我否决了他们的结论和建议，并要求他们重新前往阿富汗调研，以确保救伤直升机的起飞频次缩短为一小时或者更短。

这件事情生动地证明了我之前关于官僚机构在被要求就其改革需求开展自我评估时将会出现什么样的预期结果所做的论断。即便眼下的情况已被提到高级领导人层面而且很显然事关生死存亡的关键地步，他们的答案却几乎总是一切都好。仅针对压缩救伤直升机起飞间隔时间这一个问题，联合参谋部成立了一个专责工作组，该小组成员逾千人，且绝大多数均为参谋长联席会议主席麾下各个工作机构的中高级官员。我立马否决了该机构的结论意见。反对缩短救伤直升机起飞间隔时间的人用数据做论据；但是对我来说，这是一个涉及道义和道义责任的问题。

我觉得企业领导者通常不会借助专责小组或其他类似于摧毁敌方发射井中导弹的毁井导弹来推动改革。大型公司的部门机构与我们的军队非常相似：他们通常情况下通力合作，只有在迫不得已或者在老板强烈要求的情况下才会各自为战。不管是工程技术、市场营销、人力资源、财务、不同生产线或部门、研究开发，或者是其他功能部门，不同业务单位之间协力合作的效果往往比单兵作战效果更优。同时，他们还可以相互学习，取长补短。我担任过董事会成员的公司中至少有一家，那里的工程技术人员、金融专家，以及市场营销或销售人员之间没有基本的交流与沟通。我虽然不是专家，但我觉得我们美国一些汽车企业确实存在这样的问题。尤其是在更大型企业，一个部门或分支的重大改革通常都会对其他部门或分支产生影响，当然通常情况下是无心之作。非常常见的情况是，普遍存在于公共领域中同一个金字塔式层级制机构中缺乏横向交流的现象也会对私营领域产生消极的影响。专责小组就是领导者百宝箱中专治此症的良药。同样，与公共领域一样，这种专责小组也可以广泛应用于大型机构中的人际关系建立，从长远来看，这只会给企业带来巨大裨益。

截至目前，我们讨论了作为改革实施过程中用以推动具体举措以及提高机构内支持率的一种机制的专责小组、委员会，以及工作和评估小组的价值，这些都是领导者的进攻性武器。但是还有另外一个很有价值的目的，特别是在领导者面对可能真正涉及机构危机、始料不及的改革需求而非他的改革议程内容时。这时的目的就是防御性的，旨在拖延时间，一边让情绪降温，一边收集信息以便做出明智的决策。

2004 年秋，得克萨斯农工大学爆发了一场由教师发起的针对学校低收入教师最低生活工资政策的运动浪潮。尽管由于收入、福利和保障等原因，当地许多人想方设法挤进得克萨斯农工大学工作，但是毫无疑问，在这个阶梯形机构的底层，确实还有很多人面临着最基本的生存挑战。学校有 800 多工人每小时的工资仅有 9 美元或者更少，或者还不到 19000 美元的年薪。得克萨斯农工大学教师通常情况下不会广泛卷入社区事务，但是这次事件确实产生了比较大的影响。学校教授评议会通过了一项决议，支持面向得克萨斯农工大学全体教师实施一项名为“最低生活工资”的薪酬政策，最低生活工资政策具体内容是使教师的收入“达到或超过联邦政府规定的一家三口的贫困家庭收入水平的 130%，或者每小时 9.76 美元外加福利”。教师们的忧虑不无道理，但是随着我们的医疗卫生、能源，以及其他成本不断增长，学校的财政压力却一如往常，非常大。让事情变得更加复杂的是，当地民选政治家对这项决议的热情很低，州长任命的那几位的热情更低，几乎完全由共和党人组成的学校董事会不愿意被人公开施压，特别是在“自由的”、教师发起的问题上。学生、校友，以及其他人中间也爆发了相当规模的抗议运动，当然他们对教师的收入以及其他任何关于最低生活工资的问题并不同情。“维持最低生活工资，如果不热爱自己的工作，就算去做门卫也不称职”是我收到的一份极具代表性的邮件观点。

尽管这种情绪在弥漫，我想让教职员工明白我对这个问题很重视，而且我需要让大家的情绪平息下来，这样我们才可以认真研究这个问题目前所面对的事实因素。面对某个具有争议性的问题，一个优秀的领导者是不会通过残酷地施加压力来寻求解决途径的。领导者有时候需要放慢解决某些事情的节奏。我会见了领导此次争取提高工资运动的社区和教师代表——“布拉索斯河谷最低生活工资联盟”。当天晚些时候，我宣布成立工资与福利专责小组，负责调查学校低收入员工的工资、福利水平，并与当地及整个得克萨斯州的薪酬数据，以及政府最低薪酬指导线和生活成本等信息进行比较评估。我任命商学院退休院长本顿·科卡诺尔博士担任专责小组组长，成员包括教师、行政管理人员、一名学生，以及物业和饮食服务中心的员工代表。

随着局势渐趋缓和，该小组完成了自己的调研工作，认真研究他们关于稍微提高低收入教职员工工资的建议之后，我认为增加的钱虽然没有教授评议会要求的那么高，但仍然是一次实实在在的增长。尽管我最初的改革议程并没有涉及该问题，但是如果只是礼貌性地听了教职员工的忧虑而不去做任何实质性的工作，不管道德上还是从我更大的改革议程角度而言，都将是一个错误。设立专责小组并任命我最亲密的顾问担任负责人证明了我对教职员工关切问题的重视与响应，同时我希望保留自己对这个问题的控制处理权。

另外还有一件相似但更具重要意义的事情，我通过设立和使用一个调研小组撤销了执行10多年的“不许问，不许说”法案，此法案禁止公开同性恋倾向者服兵役。该小组提出了收集有效废除该法案关键信息的时间和途径，为公开同性恋倾向的人服兵役铺平了道路。这同时也为军队内部第一次关于同性恋服兵役问题对话赢得了时间，也为部队大多数军人适应观念的改变赢得了时间。

正如我在其他地方说过的，奥巴马总统和我被卡在了两种看似无法撼动的力量中间，一方面，作为奥巴马的自由主义支持者的核心力量之一，同性恋维权组织呼吁立即废除“不许问，不许说”政策；另一方面，据推测，绝大多数军方高层和军人都担心这将和其他许多事情一道影响部队的战备能力、团队凝聚力，以及军队稳定性。联邦法院着手废除该项法案时，许多共和党参议员和众议员也反对改革这项法律。我与参谋长联席会议主席、海军上将迈克·马伦共同向国会参众两院议员声明，我们赞成废除该法案，但还想用一段时间在军队内部做一个调查，对我们将可能遇到的反对强烈程度有一个更好的认知，对实施法律改革的困难有一个预期，了解军队特别关注的一些领域，并通过修订规章制度和培训我们的部队为法律改革做一个适当的准备。我们提出需要花费一年的时间。改革支持者认为成立调研小组的想法是一个拖延战术；反对者，特别是国会中的反对派，认为这只是一个幌子，因为总统做好了改革的决定。

调研工作由国防部首席法律顾问杰伊·约翰逊和美军驻欧洲部队司令卡特·汉姆将军共同负责，是一项非常专业的任务。他们就允许公开同性恋倾向的人应征入伍之后的忧虑与困惑等问题征求了40万名现役军人和15万名军人配偶的意见。召开了无数场焦点小组会议，甚至还有许多现役同性恋军人通过秘密渠道以匿名方式向调研小组反映他们的诉求、问题及关切。

7个多月之后的调研结果让几乎所有人大吃一惊，包括我。三分之二的受访者认为允许公开同性恋倾向的青年服兵役不会对军队带来重大问题，甚至更有利。调研组提交了需要修订的国防部政策目录以及培训部队各级官兵应准备的材料清单。我认为调查结果确实改变了大多数共和党议员的态度，从而在废除“不许问，不许说”政策的表决中投了赞成票，但是废除该政策还有一个附加条件，即只有在所有培训工作完成之后，并等总统、国防部部长及参谋长联席会议主席确认废除该法律不会产生任何重大问题之后，废除令方可生效。在我看来，根本无须怀疑废除“不许问，不许说”政策的总统行政命令会产生任何分裂性或破坏性结果，或者会对那些最直接的利益相关者造成伤害，主要包括处理军中备勤和军纪问题的指挥官以及更为宽容的环境下试图分开同性恋身份的男女官兵。至少截至本书完成之前，我还没有听到任何与废除“不许问，不许说”政策以及公开同性恋倾向的官兵有关的重大问题。

对任何有抱负的领导者来说，“不许问，不许说”政策专责小组的重要意义在于通过成立调研组，证明你采取了行动并将认真听取各方意见，这在一定程度上为平缓激动的情绪和收集针对之前坊间传言的事实争取时间，也为问题的解决提供一个详细的实施计划。我永远坚信，调查组为成功解决美国军队中最大的人事政策问题铺平道路的行为是美国军队自一个世纪以前显著提高女性官兵数量之后最伟大的成果。与其他所有案例一样，这次事件能够得以圆满解决的关键依然是最广泛的包容性、透明度，以及内部辩论与对话；争取时间在这次事件处理中显得尤为重要。

我最后希望再强调一下，在改革实施过程中，专责工作组和其他特别临时工作小组在制定具体改革建议以及工作跟进等方面的作用确实非常巨大，也非常关键。任何领导者都可以有效地予以利用。他们可以打破官僚体制对改革的阻碍，还可以帮助建立具有长远意义的合作与关系。

A Passion for Leadership

致力于机构转型改革的领导者一定会在追求和证明对内对外改革信息的透明与共享中获益良多。

我几乎将我的一生献给了秘密世界，一个实实在在的秘密世界，充满了最高机密和高于绝密级的秘密；秘密行动；秘密程序；秘密预算；秘密身份；绝密的国会听证会。通常情况下，甚至连我的个人行踪都是秘密。在中央情报局、国家安全委员会，以及国防部时，包括那些通过网络就可以轻易获取的信息每一件事情都是秘密。但是在绝对“机密”层级之上又是无数“各自为政的”需要特别安全许可的项目，例如情报收集项目、隐蔽行动、军事计划、新式武器，以及其他更多秘密。我曾经从事过的获得特别安全许可的工作究竟有多少我也想不起来了。经常有人到我的办公室或家里，通常都是在八小时之外，带着只有当着我的面才可以打开或者拆开的、被各种奇怪的锁和印章密封的彩色帆布包。

随着时间的推移，让我日益感到困惑的是太多的事情被贴上绝密的标签并非真正因为涉及任何国家安全，而是出于习惯、文化、内部权力政治，以及为了规避尴尬或责任等现实。但是从预算到官僚地盘争夺战等根本没有必要被内部贴上机密的标签，在不涉及敏感信息和行动的前提下，公众本来可以而且应当知悉我们为什么以及如何开展我们的工作。我开始坚信过度的机密会成为妨碍政府机构实施必要的内部改革的障碍。同样重要的是，至少在中央情报局，我认为随着冷战的结束和苏联解体，该机构应当对于我们为什么在冷战期间宁愿冒着失去公众和政治支持的风险理所当然地将我们开展的一些工作列为秘密以及我们是如何做的等事情让公众有更多的了解。

所以，尽管我的整个职业生涯几乎都是徜徉在秘密的海洋中，我却变成了我所领导的所有机构呼吁更大范围透明的热情支持者和推动者。

特别在官僚机构中，人们对改革总是存疑，而且往往怀疑后面还有难以言表的隐藏议程。对许多领导者来说，对信息的垄断被认为是一种权力的源泉："唯愿你知道的并不比我多。"但是严格控制下属或专业人员的信息获悉机会，让他们一无所知，只会徒增和满足自己的虚荣心。我觉得这种领导者要么缺乏安全感且非常软弱，要么自以为是，傲慢狂妄。无论可能是哪种类型，对于成功实施持久的改革都是致命的软肋。信息透明可能会造成影响结果的决策提前泄露或意图暴露，但是整体而言，信息公开给改革者所带来的裨益远远大于损失。

这同样适用于企业。有太多的领导者通常不愿意与他们的员工分享各种改革原因，公司发展方向、目标，甚至包括公司文化。这绝对不是给每人发一张印有公司使命和价值的塑封卡片那么简单的事情。我见过很多这种卡片，而且员工一般都不会放在心上或者直接扔掉。这是一个事关领导者通过自己的声音，而非人力资源部或分管外宣的副总提前准备的一些材料，告诉别人他对公司战略和目标的理解，以及他对公司的希望。谈论公司文化，不是一次口若悬河的演讲，而是自己经常深入全体员工内部，了解公司业绩和不断推进的改革，以及其他影响公司的发展问题。通过在十家公司董事会工作以及与其他许多企业领导者共事，我确实遇到了许多非常优秀、成功的 CEO。有些领导者通过定期举行行政管理人员与普通员工例会强化公司文化，在实现重要信息共享的过程中激发了广泛的热情。但是我只遇见过一位 CEO 像我所描述的那样，经常性地与所有的员工会面、交流，他就是星巴克的霍华德·舒尔茨。其他企业领导者应当以他为榜样。

正如之前所说，担任中央情报局局长伊始，我就把增加透明度作为优先改革任务，任命了负责信息“公开”的专责小组，就如何确保公众对情报机构的工作内容以及自己对国家安全所做的贡献有更多的了解。我让中央情报局更多高级官员增加媒体曝光率，定期召开新闻发布会，新设立了一个历史机密文档解密工作组，授权学者有限制地接近机密档案，为从事全球气候变暖研究的科研人员提供我们保留数十年的苏联所属北极地区的卫星照片文档。我们解密了针对苏联长达 40 年的情报分析评估文档，而且我还承诺选择性地解密我们自 20 世纪 50 年代以来开展过的一些隐蔽行动。我还承诺同意中央情报局代表将在任何可能的时候就提高我们情报工作透明度事宜接受国会质询。我坚信我们完全可以在不影响情报资源、途径或国家安全的前提下实现所有这些目标，而且还可以做得更多。

但是更大的内部透明度对于我成功实施我的美国情报系统改革议程同样具有至关重要的意义。因此，除了极个别情况外，我设立每个专责小组的备忘录草案都经过了所有受邀员工的广泛传阅和评价：是否还有其他需要专责小组审核的问题？每当专责小组完成自己的报告和建议后，都要复印并在整个中央情报局和情报系统传阅，接受评价、批评，以及更多的建议。最后的评价、建议反馈到我面前，最后会被作为附件添加到专责工作组的报告建议之中。最后，我的决议备忘录草案会在情报官员之间传阅，这样我就可以了解他们对我的决议是否能够有效实施或者在促进改革实践中是否能够得到更好的阐述有什么意见。中央情报局或情报系统之前从未就如此大规模的改革向全体干部不厌其烦地多次开展调研和意见征集活动。我坚持提高工作的透明度。任何优秀领导者都应该这样。

另外，我会定期传阅所有关于正在实施的改革议程的补充、修正意见，这些意见均由我亲自撰写，情报系统的所有员工都有权阅读。在电子邮件问世以前的技术黑暗时代，面向数万人，这些文件都是通过纸质文件或公告板形式传阅。如今无处不在的社交媒体和电子邮件使得领导者与员工之间的这种交流沟通变得出奇容易，这是具有革命性意义的进步。领导者不能充分利用各种优势是一个重大错误。

1993 年 1 月，在评价中央情报局和美国其他情报机构官员及雇员工作的讲话中，我谈到了透明和信息共享，以及专责小组的价值：

> 总体而言，我认为可以毫不夸张地说，中央情报局和其他情报机构在过去几十年中从未经历过如此重大的变革，特别是在这么短的时间内。最值得一提的是每一个成果的取得都是一次团队协作的结晶，为了改进工作，我们所有人齐心协力，并不仅仅因为冷战的结束，同时也因为我们上下一致达成的一个共识：我们本可以做得更好。各个专责小组，以及为他们形成优秀的报告所提供的重要参考意见，中央情报局和情报系统各级领导者之间的通力协作，无不对这些成绩的取得发挥了至关重要的作用。所有这些都体现了最大范围激发和欢迎各级领导者和员工参与改革的价值。

对于中央情报局坚持信息封闭的文化最起码我还能够理解，但是一个大学也这么做我就根本无法理解了。有一个人担任大学校长近两年时间，但是他在大学预算、行政决策，以及日常运行等方面与教职工的分享程度之低竟然让我感到吃惊和恐惧。同其他高校同行谈论此事后我才知道，得克萨斯农工大学的这种情况绝非个案，这是美国高等教育系统的一个普遍现象。由于有了担任中央情报局局长时推行透明化改革的成功经验，甫上任得克萨斯农工大学校长，我就下定决心实现决策过程的最大透明化，特别是在事关我的改革议程实施方面。我认为即便在日常事务方面，也没有理由不向教授评议委员会及其领导者、院长委员会，以及学生会领导者就学校预算编制、财务运行、招标采购、行政事务，以及我们所面临的问题等进行听证。除了敏感的人事问题，学校几乎没有我不愿意最大程度公开的事务。我不仅公开具体事项信息，还会通过电子邮件定期向全体教职员工以及学生公布各种正在实施的改革举措所取得的进展。具有讽刺意味的是，我越是愿意公开更多的信息，人们越是不愿意相信我并支持我试图开展的工作。我觉得这就是绝大多数领导者的处境。

我在国防部遇到了一个不同的问题。尽管保密意识无处不在，但是

整个国防部就像一个大筛子，信息泄露如影随形；对公众和国会讳莫如深或尊口难开并不是因为国防部内部事务或争执太过于琐碎无奇或确属敏感绝密。所以我所面临的挑战就是在如何强化决策过程，防止信息泄露的同时让这一过程更具包容性和透明度。在涉及军事计划和行动秘密的问题上，五角大楼确实需要极高的纪律性；毕竟事关众多生命的生死大计。对于预算、人事、行政或政策等方面的信息对于泄密者来说是可合法获取的对象。当时对于我要将士兵在伊拉克和阿富汗的服役期限由12个月延长至15个月的计划泄密让我大为光火，因为这次泄密事件让我失去了第一时间向军队及其家属解释说明的机会。我非常反感对涉及增兵和时间表的军方高层决定的泄密行为，这也让布什和奥巴马总统非常恼火。然而，无论国防部部长如何强烈地谴责，在华盛顿的现实世界中，这种泄密根本无法完全杜绝。无论总统或部长们，或企业领导者采取什么样的手段来扑灭这种行为，然而，没有一个措施能够最终如愿。

我强烈地意识到对重大预算决策，以及特别是重大项目的削减或限制决策的泄露对于实际改革将产生致命的影响。任何领导者必须明确底线在哪里。过去几十年中，国防部部长们削减无用项目的决定往往会因为过早地被国会或利益相关群体获悉而不得不做出妥协或者流产。基于我对历史的了解，罗伯特·麦克纳马拉的努力失败的一个主要原因是他的决策都出自他的那几个文职“神童”之手，决策过程缺乏军方高层的广泛参与。由于觉得被排挤在外，而且他们本就反对改革，所以高级将领们自然会毫不犹豫地绕过麦克纳马拉，借助关系熟络的国会议员挫败他的改革意图。

当我决定大刀阔斧地砍掉数十项失败或无力承担或与我们的需求无关的重大项目时，我在所有军方高层和五角大楼高级文职官员之间开展了一场非常广泛的咨询过程。我不断强调包容性；领导在决策过程中的排他行为会带来很大的失败风险。我要求所有参与人员签署保密协议，基本上就是要求他们不能对别人泄露我们的提审意见，甚至包括他们的办公室成员。这样，能够获知仍在酝酿之中的决策的底层职员人数显著下降。

我坚信，由于高级官员做出了保密承诺且整个决策过程对他们的透明化，而且他们获得了多次面对大家或单独向我表达意见的机会，所以整个决策过程中没有发生过一次泄密事件。国会最终同意或默许我的全部决定的一个重要原因就是没有一个军方高层或者高级文职官员绕过我前往国会山投诉，或希望在他们的支持下挫败我的任何决定。当然有些人几乎完全不同意我的最终决定，但是从五角大楼的字面意思上讲，他们依然表达了自己对这些决定的“支持”，也就意味着可以实施。

A Passion for Leadership

重视共识。谈到改革实施，你必须严格审视每一项被冠以集体共识的建议。它是否有利于推动你的改革议程？是否如你期待或希望的那么有魄力？

以博学著称的以色列前外长阿巴·埃班给“共识”下了一个非常深刻独到的定义，他指出，所谓共识就是“集体场合每个人都会异口同声地表示赞同，但私下里没有一个人会相信的鬼话”。

我根本说不清我在会议和工作组上浪费了多少时间。因为有些项目负责人在会议上要求所有参与人员必须一致同意某个具体建议或观点，但这并不是为他们的上级提供一个多元化的选择。这不可避免地产生最小公分母效应，即最后只能提出所有人都能够接受、最平淡无奇的计划。毫无意义。

如果达成共识是你的首要优先目标，那么作为一个真心追求改革的领导者，千万不要指望从工作组或专责小组那里得到大胆、有魄力的意见或建议。相反，作为领导者，他必须让自己的工作组负责人或其他项目负责人明白，只有代表了大胆革新的共识才具有价值。联邦最高法院大法官小奥利弗·温德尔·霍姆斯对这一程序有过非常精彩的描述。他写道，他有一份法院意见最初的描述是“有一对非常微小的睾丸，但是我兄弟的忧虑导致它们后来被摘除，它现在只能非常轻柔地舞动了”。但是你给领导者的改革意见绝对不能是非常轻柔的。

在乔治·赫伯特·沃克·布什（老布什）总统内阁担任白宫国家安全委员会助理委员会主席时，我的任务是清除各种问题上的官僚主义矮丛林，这样，总统就可以非常清晰明确地了解他的主要顾问们在某个问题上的本质性分歧，经过权衡比较，他就可以做出最终决策。很多情况下，经过全面分析，你会发现来自这个或那个机构的反对，无非都是以观点上的重大差异之名行积怨已久的官僚主义争斗之实。选择能够使用火焰喷射器清除官僚主义杂草，从而只剩下真实、重要的选项助手是领导者的一项重要工作。

亨利·基辛格担任总统国家安全事务助理时只会半开玩笑地指出，每一个政策文件都会有三个选项：选项 A 基本上就是什么也不用做；选项 C 太过于激进，自然会被拒绝；因此，作为不左不右、非常温和的行动路线的选项 B 就成了唯一合理的选择，这就是官僚主义中间路线。在实际工作中，这种做法既避免了受到不作为的指责，也不会遭到强烈的反对，但工作效果甚微。作为一名真正致力于改革的领导者，就要绝对不允许你的工作组、咨询委员会或者评审小组将你拖入只能选择 B 选项的泥潭。你必须坚持选择具有真实意义和价值的选项。如果所有的选项都没有任何真实的意义和价值，如果他们的建议不具有任何挑战性，你就必须让他们重新来过。绝不能让官僚主义作风牵着你的鼻子走。

建立一个能够有效征集改革方案及其实施意见，并借此了解哪些人支持或反对每一项建议及其原因的程序非常重要。在许多情况下，都会有一个主流意见。作为领导者就需要了解为什么会有少数人反对，而且这些反对意见会影响最终决定，还是会促使我们对最终决定进行调整，无论如何，意见分歧绝对不能成为阻碍改革决策和实施的拦路虎。

A Passion for Leadership

在依法依规推动改革实施过程中，领导者必须明确在做出决策和开展行动之前要进行几次论证分析。无论如何论证分析绝不能成为慵懒无为的借口。

在需要授权开展更加广泛的研究以获取更多信息，从而为自己希冀完成的改革建立支持，或者改进改革措施时，负责人必须果断做出决定。当停止研究并开始行动成为水到渠成的必然时，领导者必须依靠值得信赖的顾问以及自己的经历经验、政治本能做出最终决定。

尽管足够的包容性、透明度，以及耐心等都对改革事业大有裨益，但是这些都不足以阻挠我们做出艰难或者不受欢迎的决定。特别是当你试图追求一些能够改变现状的具有突破性的创举时，总有一些人坚持认为我们的选择没有经过充分合理的分析评估，因而我们的决定就得不到证据、理论支持，或者我们的改革方案根本无法继续实施；似乎永远还有一点工作没有到位。当然有些忧虑并非不无道理，他们不希望自己的领导者面对混乱的局面草率行事并造成恶劣的后果。有些人抱怨没有经过充分论证评估，那是因为他们生性怯懦并借此规避自己的责任风险。但绝大多数情况下，对所谓更加充分合理的分析评估的要求无非是一种阻挠改革大计或者期待一位同情他们的新领导者尽快上台的拖延策略。

每当某个高级行政部门领导者基于自己的判断和经历做出一项常识性决定时，美国国会最喜欢采用的策略就是要求进行更加广泛深入的研究。担任国防部部长时，每次当我决定开展一些可能致使某些议员家乡选区选民失业的措施时，通常都会遭遇这样的阻挠。国会曾经要求我提供支持关闭美军联合部队司令部以及取消大量武器和装备项目的文件复印件。他们提出这一要求的唯一目的就是为国会议员从我们的论证分析中寻找漏洞，要求开展更加广泛深入的研究，举行听证会，以及对不受他们欢迎的决定采取诸如此类的先发制人的策略争取时间。

在另一个事例中，仅仅为了确定美国军队需要多少架货机，空军方面在过去的数年中开展了无数次“空中机动研究”。研究不断重复着相同的结论：即便在伊拉克和阿富汗战争全面进行的情况下，军队现有的货机数量完全超出了日常的实际需求。但国会每一次的回应总是让军方重新做一次调研。无数国会议员都在通过货机生产线以及保持货机起降基地的开放中获得巨额利益。这就是典型的分析性瘫痪。

以需要进行更加全面深入的研究阻碍改革的绝非国会一家。在地方及州级层面，各个利益既得群体同样每天都在以需要开展更加全面深入的研究为借口为包括高速公路建设、管道铺设、卫生服务或学区界限调整等在内的各项改革制造障碍。环境影响评估尽管确实非常必要，但是已成为地方和州级层面拖延工作的一个尤其有效的工具。想象一下，如果将横跨整个大陆的州际铁路、胡佛大坝，或者金门大桥等这些重大工程的建设方案放在今天，会有怎样的结果。开展进一步研究的要求也是商业领域 CEO 们开展工作的拦路虎。我亲眼目睹过他们面对下属们提出“再多给一点点时间”来提出新的方案时的无奈与挫败。

政府中，特别是联邦政府层面，调查机构的膨胀正在成为官僚机构管理和改革的一个严重障碍。诸如美国审计总署、国会预算办公室以及监察长等各种外部委员会、审计局日益扩大的侵入性角色以及他们通过坚持要求开展更加全面深入的研究或分析以拖延或否决部门改革决策的能力是一种非常不乐见的现实，尤其是在致力于改革的领导者在职时间有限的情况下。的确，我认为国会、国会议员，以及这些调查机构，即便他们有责任监管官僚机构并保证他们认真履职，但有时却是在为官僚机构抵制改革加油打气。

A Passion for Leadership

为每一项改革举措的实施设置最后期限在任何组织中具有非常重要的作用。

没有人喜欢最后期限。以文风辛辣讽刺著称的美国作家多萝西·帕克曾在度蜜月时收到她的编辑拍发过来的一份电报，抱怨她错过了一篇文章的最后期限。她回电称："真他妈的太忙了，你不是也很忙吗。"另一方面，所有人都知道最后期限必不可少。援引艾灵顿公爵的一句话："我不需要时间。我需要最后期限。"官僚机构对待最后期限的态度与帕克并无二致。如果你希望做成任何事情，艾灵顿公爵就是你所需要的人。

最后期限应当具有紧迫性。太宽松的最后期限无疑是邀请下属放心睡大觉并安心拖延。领导者应当为自己推动的每一项改革举措设置一个切合实际且紧迫的最后期限。担任中央情报局局长期间，我为每一个特别工作小组或每一项任务所设置的最后期限都不超过 3 个月。担任国防部部长期间，我为每一项工作或每一个特别工作小组所设置的最后期限在 1 周到 10 个月不等。大学运行的时间框架与全世界任何企业组织都不尽相同，但即便在担任得克萨斯农工大学校长期间，我所设置的最后期限都是非常紧迫的，从一个月到数月不等。

紧迫的最后期限能够让人聚焦于某一项任务并彰显其重要性，激发动力。紧迫的最后期限通常能够激发一种新层次的能量或恐慌乃至激情。紧迫的最后期限也会让反对派没有足够的时间形成攻守同盟并推出阻碍策略。最后，紧迫的最后期限显示了领导者对改革目标的严肃态度：他对尽快实施某项改革心意已决，他谙熟官场动态规则，并以时间的限定性作为回击一个组织谨慎小心的本能及其对改革的抵制。如果就如何在官僚机构有效推动改革实施我只能提出一个建议，那我的建议将无疑是为每一项改革任务设置一个紧迫的最后期限，最后期限必须得到落实。尽管在有些情况下，对最后期限做少许宽限也是合理的，但是领导者必须少用慎用，即便要用，亦需确保有充分的必要性。

A Passion for Leadership

在改革实施过程中，领导者必须掌握全面信息，亲自决断，明确责任，形成一个能够让自己对改革进度及下属表现进行有效监管的常规汇报机制，委派专人专项负责。然后，他必须从具体改革实施中腾出身子。“微知识”是必需的；微管理坚决要不得。

高坐云端的领导者是不可能真正推动官僚机构改革的。领导改革是一项异常艰辛的工作。领导者必须做足功课以充分理解真正需要什么样的改革，什么样的改革才有效，谁的信息可信谁的不可信，属下的改革建议是否能够达到他的预期目标，以及他的决策是否能够得到有效实施。广阔的视野通常非常重要，但是领导者必须深入群众。他必须认真阅读并深刻理解没完没了的简报，了解组织最深层次的问题，通过各层次员工的工作情况深入了解他们的日常生活。他必须是一个不断学习、虚心听取、不耻下问的人。一个优秀的领导者必须掌握大量具体的细节性知识，这样当有人在他面前信口雌黄，或者为他提供不准确的信息，不管是因为他们自己确实不知道或者试图误导或欺骗他，也不管是基于看似合理数据的选择还是建议，他就能够予以识破。

美国军队和企业特别重视委托授权而非事必躬亲。如果一切顺利的话，这个建议也是极好的。手下的经理人都必须明白，他们的领导者非常清楚自己在说什么。优秀的领导者必须能够全面掌握组织内其他人掌握的信息，这样他才能将这些信息融会到自己的决策中。一个能够明确指出某份简报中的建议与之前一份简报中的建议互相矛盾的领导者才能够得到下属们的重视和尊重。一个能够准确无误地指出本应前后一致的数据在不同的会议中存在出入的领导者自然能够得到严肃对待。在同五角大楼审计官的第一次会面中，我向他指出，一个数额庞大的预算文件夹中的一个数字，与另外一个文件夹中本应相同的数字存在出入，因为我利用周末时间将许多文件夹带回家中进行了详细阅读。另外一个例子，我还注意到同一项目的预算金额在不同文件中并不一致。他们立刻意识到我确实认真阅读了他们呈送的每一份简报，并做了详细记录。能够敏感地意识到一些突破常识的情况也是非常重要的。

当领导者重视这些实施细节后，其下属会很快意识到自己必须认真核查自己的工作，而且涉及同一事项的不同部门在向领导会议提交简报之前一定会进行仔细认真的交互核验。这种对微知识的展示还可以给属下传递一个信息：领导者不是那么容易忽悠的，而且试图愚弄领导者将会带来很不愉快的后果。更重要的是，微知识通常可以让领导者更好地理解属下在给自己推介什么东西，结合具体环境，提出更有建设性的问题，从而做出更英明、更明智的决策。太多情况下，领导者总认为了解所有这些细节性知识似乎没有必要或者“降低”自己的身份，自己的时间应该更多地花费在对“宏伟蓝图”的设计和把握上。这种领导者最终会发现自己反而“受制于”组织内他们本欲领导的那些属下，指望根本不认同自己的议程或优先策略的人为自己的改革提供建议意见。领导者必须明白，任何非凡成就必定基于对无数小事的了解，特别是在实施颇具争议的艰难改革方面更是如此。不管是在推动中央情报局侦察项目重组，抑或加强得克萨斯农工大学多元化建设，抑或砍掉国防部冗余项目方面，我都非常清楚，细节能够帮助我做出更加明智的决策，而且面对公众质疑，他们亦可帮助我捍卫那些决策。奥巴马总统不止一次告诉我："如果我不理解，我就无法捍卫它。"

领导者掌握微知识的目的并非是要令属下难堪或者吹毛求疵。上述两种心态都会矮化领导者在属下心目中的形象且令他们唯恐避之不及。面对领导者，每一位与会属下都有一定的忧虑。通过吹毛求疵增加属下的焦虑或恐惧往往只会事与愿违。如果有些错误无碍于大局的讨论，大可不必认真深究；对于诸如表格排版、格式或其他细枝末叶的穷追不舍或者吹毛求疵只能让属下觉得这个领导者并非要深入群众，而是已完全迷失自我。领导者应该让属下意识到他对所有细节了然于胸，但细节绝对不能成为其关注的焦点。要记住，能够从中层经理人及以上管理人员那里送到老板手中的简报绝大多数都是经过了众多监管人员和同事逐层审查和把关的。绝大多数情况下，即便简报中果真存在某个错误或问题，那也远远超出了答辩人的职责或能力范畴。面对这种情况，我的解决方法是直接将我的问题或困惑告诉报告人的老板，部分的目的在于转告他我怀疑这个错误应该不能归咎于答辩人。我总会尽量克制自己的情绪，不急不躁，不盛气凌人，或者带有个人偏见。我认为我从来没有刻意让任何人出洋相。答辩人越年轻，我就尽量越温和。必要的时候，幽默一下也是很不错的主意。让老板指出自己的错误这样的惩罚太重了。特别是在完成一项颇具争议性的简报之后，我会尽量记得向答辩人致谢，以肯定他/她所付出的辛勤努力。

做足功课，全面了解微知识的目的并不是为了炫耀你知道多少，以展示你胜人一筹，或者玩"找茬"游戏，而是为了让自己做出更加明智科学的决策。不了解微知识，你就会成为属下和员工的囚徒，他们将会像玩提线木偶一样任意摆布你。

无数致力于改革的领导者之所以最终抱憾，只缘于没能正确理解微知识与微管理之间的区别。担任中央情报局局长时，我需要了解某个案件专责官员是否与其代理人举行了特别敏感的秘密会面，但我保证绝对不会试图对他或他的老板指手画脚，告诉他们该如何开展秘密会面。作为大学校长，毫无疑问应当特别关注学校的教学质量，但是却不能直接告诉院长或者教师如何授课。面对两场战争均处于胶着状态，作为国防部部长，毋庸置疑应当密切关注战略以及战术，特别是后者具有重要的政治影响力，但他绝不能直接命令前线指挥官如何排兵布阵。

若要改革任何官僚机构，特别是大型官僚机构，领导者必须首先明确行动路径，然后再向自己的属下明确他们的具体实施责任，并为他们顺利完成使命授予不容置疑的权力。给他们展示才华的空间，不要指手画脚。中央情报局有些领导者总喜欢到下面去检查自己的指示是否得到了不折不扣的执行，我们称这种行为无异于“将我们连根拔起看看我们是否在生长”。任何级别的领导者，如果总是试图监督属下的日常工作，将注定一事无成。另外，用人不疑，疑人不用，如果领导者对属下完成自己交代的任务没有信心，只能说明他当初用人失察。

官僚机构改革的顺利进行，最重要的是，还得依赖你下面那些热情拥护改革、获得授权、具有主人翁意识，并将改革大业视为己任的广大员工。你越是频繁地介入，你就越是在无意中暗示他们这是你的改革大计，他们就不太相信这是他们自己的职责所在。成功的改革实施，总而言之，有赖于他们的全力配合与全情投入。如果领导者总是拒绝放弃自己对方向盘的操控权，他将很难找到值得信赖和依靠的改革助手。领导者必须做到用人不疑，在必要的时候，可以疑人不用，换掉不可信赖之人，但是绝对不能对他们进行全天候式的微管理。

A Passion for Leadership

作为领导者，如果没有做出艰难而适时决策的魄力和勇气，千万别揽这个活儿。

除了优柔寡断的领导者，任何困难或障碍都无法动摇我们推动改革、实现变革的动力。在推动改革运动，实现变革的过程中，没有什么比将颇具魄力和胆识的改革方案呈送领导者裁决之后的无尽等待更让人泄气的了。在我的职业生涯中，我根本记不清曾经有多少次亲眼看到真正颇具远见卓识的改革建议被积压在不断增厚的等待领导者处理的文件底部，最后只能在叹息声中慢慢窒息而亡，因为领导者根本不想做决定，或者无力而为。

这种情况对我来说在中央情报局很常见，但在得克萨斯农工大学和国防部很少见。得克萨斯农工大学和国防部的故事主要是关于重大改革建议由于负责人畏首畏尾、不愿承担挑战而最终在管理部门折戟沉沙、蒙尘而终。无怪乎那些负责调研和形成改革建议的教授和将军及其他相关人员都变得玩世不恭，愤世嫉俗。当初他们应要求投入大量时间、精力，而且有些时候还有自己的个人声誉为某个项目开展调研论证并最终提交意见、建议或方案，但他们最后却怀疑自己的付出和努力是否得到领导者的评估或认可，甚至领导者是否阅读了都不可知。企业情况也大致若此。领导者的不作为有些时候缘于纯粹的懒惰或者缺乏礼貌。无论领导者出于何种原因而不能做出决策者，其结果不仅是让自己的属下左右为难，而且也会让自己的继任者在今后的工作中更难激发专业人员的参与热情和积极性。

当然，做决策需要承担风险。这样的决策极少会有明朗的答案，而且绝大多数都是非常艰难的。有些时候，领导者不得不做出“两害相权取其轻”的决策，因为根本就没有“有利”的决策可供选择。规划、组织，以及实施改革，很显然，会让领导者进入一个未知的境地。毕竟，这些决策都是关于谁也不敢肯定的未来。但是请记住我在本书开篇就对“领导者”给出的定义：“领导者就是指引方向的领路人。”一个人之所以能够成为领导者，正是因为人们信服其判断力并坚信他就是这个职务的不二人选。世上的确没有万无一失的成功，但是作为领导者，你不去引领，还能指望谁呢？

在改革实施过程中，当面临难以拍板的抉择困境时，与其他过程中每次遇到抉择困难时一样，领导者与自己敬重、可信赖的属下、员工就摆在自己面前不同决策的优劣长短开展充分广泛的讨论是非常重要的。他应当毫不犹豫地提出自己的意向性决策以供他们讨论并听取他们的反应。如果他们真的尽职尽责，他们一定会明确提出反对意见、忧虑、问题，而且甚至是如果领导者确定选择某个决策后，他也应当会被提前警告可能会面临的批评，这样他既可以相应调整自己的决策，也可以做好更加充分的准备以应对可能面临的批评。当然，最终的决定还是要他自己来做。

在艰难的决策过程中，领导者绝对不能让自己的属下、员工感觉到某个决策让你痛苦不堪或者你正面临着痛苦煎熬的抉择时刻。如果有必要，他应当乐于最后再听取一次属下的意见、建议，花点时间认真审视所有意见、建议，但是最后一定要做出果断、明确的决策，不能有任何踌躇犹豫、优柔寡断，或对其他选项不舍难安。同时他必须避免做出“骑墙式”决策。正如霍姆斯法官所说，他们是在用柔和的声音唱歌。

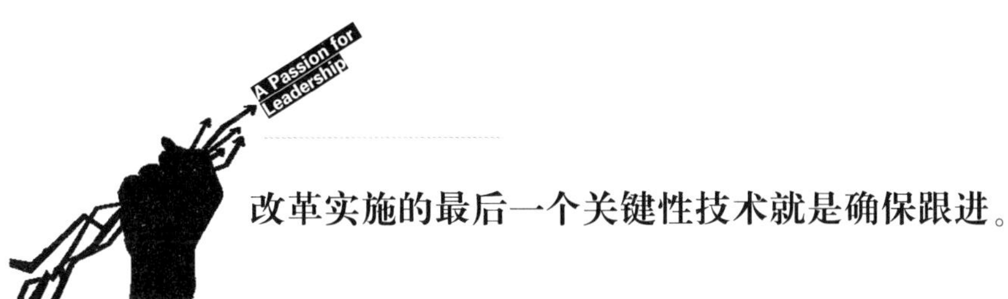

改革实施的最后一个关键性技术就是确保跟进。

官僚机构物理学中一定有一些如何将初始能量慢慢剥蚀成惯性的定律。领导者必须要成为这个公式的变量。如果自己指导的行动并未付诸实施，无论是精彩的点子、强有力的内部支持，抑或英明的决策，都将一文不值。与绝大多数官员的想法恰恰相反，理想的过程本身并不是我们的真正目标：结果才是唯一具有重要意义的因素。决策的确只是改革的起点。只要回想一下那些因为在实施过程中没有给予足够重视而最终变成麻烦的重大改革，你就会明白，奥巴马医改网站就是一个例子。

领导者在改革实施过程中的视觉化存在是必不可少的。这一点绝对不能委托代理。机构内每一位员工需要感受到自己的领导者亲自全程参与了他所领导的改革大业并密切关注他们的进展。改革议程形成和决策制定过程中所使用的那些技巧，如透明、包容、果断、微知识

(但非微管理)，以及问责制等在实施过程中同样是至关重要的。

担任国防部部长期间，我每两周都会与所有专责小组会一次面，以听取情况和进展报告。我的直属工作人员对专责小组工作的跟进监督甚至更加密切。一旦有不可避免的问题或障碍出现，我们就可以尽快了解并能够尽可能在第一时间予以克服或解决。我在得克萨斯农工大学时的校长办公室主任和在中央情报局时的特别助理，同样也会对所开展的每一项改革举措给予密切跟进和关注，以确保这些改革项目都在按照我的要求和时限有条不紊地进行。

在得克萨斯农工大学期间，为了加强学校多元化建设，我曾频繁前往全州主要以拉丁美洲裔和非洲裔美国人为主要生源的高中开展招生之旅。我会就学校改革议程及其他问题定期向教授评议会以及学生会进行报告并征求他们的意见、建议。担任中央情报局局长期间，我会经常公开对外宣布我们正在开展的各项改革工作。我们之前讨论了担任国防部部长期间我们的一些举措，我们曾就国防部内部正在开展的改革举行过无数次信息公开活动。

温斯顿·丘吉尔贴在重要决策文件上的一个红色标签这样写道："今日事今日毕。"这一定是改革代理人的职业箴言。即便形势并非危若累卵，事关改革大计，领导者在改革议程实施上必须要有只争朝夕的紧迫意识。这有助于振奋神经，激发动力，让人们坚信自己所肩负的使命至关重要，事关组织未来的荣辱存亡。

5. It's Always About People

人：最终还得依靠人

本章及随后两章主要是关于改革实施过程中的一些非物质因素及其应对策略，普遍适用于任何环境和组织。在过去多年中，我曾观察过许多总统、内阁高官、三军将领，以及企业董事长。他们有些人绝对堪称礼遇下属、激励员工的楷模；另外一些人则属于“恐怖与厌恶”派领导风格，对待其属下轻慢无礼。随后你阅读到的是我对自己过去40多年职业生涯中对其他人的观察以及自己领导各种截然不同的机构、部门的经验总结，而且我接手时这些机构大都处于最困难的时期。我相信，我的这些经验教训不管是对初入职场的毛头小子，还是中层管理人员，抑或身居要职的高官，都具有同等重要的借鉴价值。

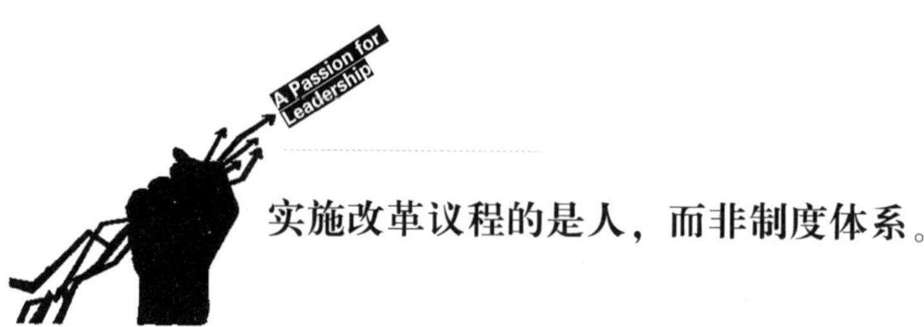

实施改革议程的是人，而非制度体系。

作为一名致力于推进改革议程、实现改革大计的领导者，他绝对不可以醉心于幻灯片和流程图以至于忽略一个对改革事业成败具有决定意义的关键性因素：负责改革方案实施的那些人的态度和奉献意愿。能够赢得他们支持和忠诚的领导者自然能够成功实现自己的改革愿景。不管身为公共领域或私营企业哪个级别的领导者，他都必须向那些为自己服务的员工提供能够确保他们获得职业成功与满足的工具和机会。他必须提升他们的能力，给予他们尊重、动力、工作满足感、上升空间、个人尊严，以及最重要的，自信；作为领导者，他还必须真正从整体和个体上对他们给予真诚的关怀。如果领导者能够让员工感受到这些，他们自然会体谅工作、生活中的许多不可避免的小问题。

A Passion for Leadership

任何组组织中任何层级的员工都希望自己的工作得到上级领导者的认可和重视。任何级别的领导者，都应当竭尽全力让自己的属下、员工因自己所在的组织和所从事的职业而感到骄傲，无论你是美国总统、大型企业 CEO，抑或单位内一个职务非常低的主管。

作为中央情报局高级官员，尤其是恰逢政治骚动与丑闻频发的艰难时局，我经常被问道："局里同僚的士气怎么样？"每当中央情报局陷入丑闻，局里官员都会感觉无颜面对自己的朋友、邻居，甚至自己青春期的孩子。但是我总认为中央情报局员工的士气，最主要还是取决于局里专业技术人员是否觉得自己的工作得到了认可与肯定。如果他们认为答案是肯定的，那么这种成就感就会让他们成功挺过每一次困境。

相信和认可每一位员工的每一分努力的重要性当然对于任何工作的成功开展都具有非常重要的意义。无论身居何处，人们总是愿意相信自己每天的工作对自己的公司、社区，抑或国家具有实实在在的价值。这就需要各级领导者告诉他们为什么他们的工作很重要。即便你所领导的组织只是大型企业中一个非常微不足道、默默无闻的小部门，作为领导者，让员工了解自己的工作如何服务企业大局，如何为企业的成长发展做贡献，如何不可或缺是领导者的职责之一。花费时间定期向自己的员工解释组织的使命以及为什么你所在的组织非常重要是领导者重要的职责价值所在，而且更重要的是，这也是激发和建立团队内每一位员工个人自尊的重要途径。

30 多年前，托马斯·彼得斯和小罗伯特·沃特曼合著了《追求卓越：美国优秀企业的管理圣经》一书。其中一个关键主题就是领导者及其员工，在员工的工作场所交流沟通的重要性，包括听取心声并增强他们的组织目标意识。

在我担任过一把手的三家机构中，我都认真贯彻了这一理念。担任国防部部长期间，我经常前往武器装备制造公司，如位于威斯康星州为我们生产一款反地雷防伏击装甲车的奥什科什工厂等，告诉车间工人他们的工作是如何为我们更大的战争事业服务，并感谢他们的工作和产品保护了我们广大士兵的生命安全。尽管远离战场，但是非常有必要让他们知道自己的工作是多么重要以及为什么。

当然，如果一个组织的使命不明确，这种行为会变得有些复杂。一个耗时费力的项目其目标晦涩难测，或者得不到上层领导者的积极强化；甚至某个专责小组花费大量时间和精力完成并提交的报告最后被束之高阁；或者，正如官员感觉到的那样，员工发现自己所承担的任务根本无足轻重。也许，最糟糕的是某个军事小组受命冒险暴露于某个前线据点或者开展了某项高风险任务，但随即又被宣布这项行动的开展根本没有必要。

大老板的意图不明确是一件非常不幸的事情，谁也没有厘清问题的积极性和兴趣，人们只能盲目地摸索前进，唯愿自己尝试性的设想或猜测正中问题的关键所在。领导者必须鼓励厘清问题，而且他的答案必须直接且具有说服力。

关于美国联邦调查局前局长约翰·埃德加·胡佛有一个非常著名的故事。他曾经在一份备忘录的页边空白处批了“注意页边距”（Watch the borders）几个字。结果许多特工被派到墨西哥和加拿大边境地区。得到消息后，胡佛非常光火地告诉报告人员，他当时写的那个批语是要求工作人员注意备忘录原件的页边距尺寸，并非国家的地理边界。作为里根总统的中央情报局局长，威廉·凯西是一个众所周知的说话含混不清的人。他经常由于打电话惹出不少麻烦，因为他的电话有 10 多条分别可以呼叫中央情报局各位高级官员的直线电话。他一般都是随机按一个数字直呼键，朝话筒大声发布一通命令之后就挂掉电话。作为他的办公室主任，我每天需要花费大量时间解释他在电话中向大家说了什么，并弄清楚具体本应该是谁得到某个任务的电话指示。我在得克萨斯农工大学的校长办公室主任和国防部部长办公室主任都知道他们的主要任务就是确保我的指示得到了明确无误的理解。他们通常会返回办公室以明确关于某个问题我究竟谈了些什么东西，或者以确定我是否真的要求某人执行某项看起来确实存在问题或有待商榷的任务。

只是为了不让人们闲着而给他们安排所谓非常重要的任务，这虽然并非恶意之过，但会在很大程度上让他们对自己工作的意义产生挫败感。20 世纪 70 年代的国防部和中央情报局就是这种情况，时任国家安全顾问（总统国家安全事务助理）亨利·基辛格向这两个部门下达了大量针对苏联和中国的任务，让我们忙于这些事务而无暇他顾。他和尼克松总统则同时与这两个国家暗通款曲，开展秘密外交。他们外交政策的成功对我们来说充其量不过是对我们时间和精力浪费的一点慰藉。

政府官员们根据任务要求撰写的报告通常最终如泥牛入海，进入但丁地狱的第一层。当然，这种情况在私营领域官僚机构也时有发生。事实上，公司越大，这种毫无意义的工作任务越繁多。在重大项目方面，花费时间和精力撰写的报告最终杳无音信或半道夭折的情况只会打击士气，助长冷漠悲观情绪。这两种后果对于渴望卓越的组织有百害而无一利。

领导者一定不能只是向员工解释并保证他们的工作对于组织的整体使命非常重要，他还必须确保他们的工作并不是毫无意义的消磨时光或者空转。

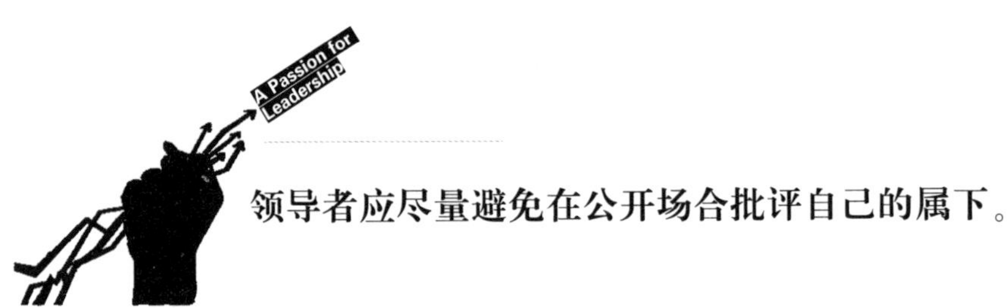

领导者应尽量避免在公开场合批评自己的属下。

最近几十年，绝大多数总统候选人，不管是民主党还是共和党，都非常喜欢就美国民众所面临的问题向他们正在试图获得领导权的政府公务人员发动猛烈抨击。自从我记事以来，只听到约翰·肯尼迪和乔治·赫伯特·沃克·布什两位总统候选人对当时的政府公务人员予以了肯定和赞扬。他们从来不考虑联邦政府官员面临的挑战其实根本就是国会立法的缺陷或妥协所造成的法律本身含混不清甚至自相矛盾的结果，最后却要政府官员来解释国会或总统当初制定法律法规时的意图，或者考虑如何让复杂异常的法律或决定正常运转。

民选或任命的高层领导者最为糟糕的是他们说起一些问题时总在指责“官僚主义”，因为通常情况下这也就意味着他在寻找承担失败责任的替死鬼。无名无姓的官员群体很容易成为煽动群众怨愤的目标。我在前面提到过，陆军部部长因为沃尔特·里德陆军医疗中心门诊伤兵护理丑闻而无理指责那些士官没有尽到责任时令我大为恼火。还有一件同样令我不悦的事件是空军领导人因为更高层早先做出的决定导致一个用于核任务的系统出现问题处理了一批校官和士官。当然，面对灾难，企业领导者通常也会这么做，不管是产品召回、金融灾难，抑或其他失败或丑闻。很少会有高层领导人因此受到影响或者主动承担责任。这些领导者不理解，对底层员工的广泛批评会带来长期的消极影响，这样的批评背后通常还应该有其他的目的。这根本不是他们应该受到的待遇。

强化员工对自己在组织中的重要性有多种不同方法。具体方法取决于领导者在命令链中的位置。

那些处于或接近最顶层的领导者应当做到如下几点：

- 经常提醒员工，他们的工作对于组织或某项任务不可或缺，对于某项使命的成功完成功不可没。
- 不要在公开场合批评员工，而且必须对事不对人。
- 让属下明白，如果他们没有真正理解老板的指示或决定，他们应当尽快想办法理解清楚。
- 避免轻易设立专责小组或委员会，除非有非常确定合理的理由认为他们能够提出有用的建议、意见。设立太多这种临时组织只是一种缓兵之计，是不作为的借口。不能将人们的时间和精力浪费在没有任何意义和价值的瞎指挥上。

- 对于任何任务都必须设定具体的目标和阶段。如果整个任务最终被证明是一个死胡同或者错误时，好的领导人必须能够勇于承担责任。
- 认真听取基层的实际问题。
- 对于值得褒奖和宣传的员工，尽可能在各种公开场合予以宣传与表扬。褒奖和认可必须具体到每一位员工，而且越深入到命令链的底端越有激励作用。无论是经济上，还是纯粹的精神上，抑或两者相结合，对优秀和成绩的表彰奖励必须在其他员工的亲眼见证下进行。

处于命令链底层的中下层领导者的选择相对少了许多。告诉员工为什么他们的工作不可或缺是非常重要的，但是不可夸张或吹嘘。领导者应当经常在公开场合对某些做出突出贡献的个人和团队予以真诚可信的褒奖。尽量少说虚假的废话；夸大其词的虚假赞扬还不如什么都不说。任何中层经理人如果能够看得清态势的发展并清晰明确地告诉属下是非常重要的。任何级别的领导者都应当从善如流，真诚听取下属的意见建议。中层领导者应当非常谨慎，切不可在下属面前抱怨上级领导者的问题：你下属中谄媚你上级的马屁精马上会让你变成一个忘恩负义之徒，你将被认为是不顺从或者背叛给了你今天地位的上级。在我看来，对于任何领导者来说最好的平衡方法就是一方面他愿意随时向上级请示明确指示；另一方面，如果没有得到明确指示的情况下，也愿意给予下属真诚而强有力的支持。但这么做也要有充分的思想准备，要么得到上级的肯定认可，继续工作，要么拂领导者之意，立马辞职走人。当然现实情况往往是后者居多。

A Passion for Leadership

一个成功的领导者，特别是有志于实现改革大业的领导者，对其属下一定能够以诚相待，敬重有加。其意义看似不言自明，但是各级官僚机构中的老板却鲜有能够身体力行者。

几乎所有人都遇到过“毒”老板，这种领导者采取各种方法欺凌、蔑视、羞辱其属下，或者让他们难堪。喜欢高声呵斥、拍桌子、瞪眼睛。任何级别的领导者中都有这样的人。正如我对美国海军学院和西点军校学员说过的：“毫无疑问，你们所有人都会在职业生涯的某个阶段碰到一两个奇蠢无比的上司。我们都有这样的经历。”

在中央情报局的职业生涯初期，我就遇到过这样一位上司。当我的一位同事因为我们部门严重的士气问题向其汇报并征求意见时，这位老板的回答居然是：“他们应当为自己有一口饭吃而感到庆幸。”后来在白宫时，我又在一位脾气暴躁的副国家安全顾问手下当差。他通常会厉声嘶喊，大声呵斥，然后继续在高声大嗓的污言秽语中提出自己的意见。有一次，他打电话时的叫喊声和咒骂声实在令人难以忍受，时任副总统从自己的办公室径直走到西翼大厅，一言不发，砰的一声关上了我老板办公室的门。另外一次，还是我的这位老板，他坐在办公桌前的椅子上疯狂地朝电话另一端怒吼，突然，在没向后挪动椅子的情况下，他腾地站起来，结果双膝狠狠地磕在办公桌的下沿，最后一屁股蹲在了地上，居然砸破了椅子下的树脂玻璃垫。亲眼目睹了这场因发脾气造成工伤的全过程，我因为笑得太厉害差点从椅子上掉下来。这个家伙非常聪明，我也很喜欢他，但是他有一个致命的坏脾气。

这种狠角儿也许的确非常聪明、果断，而且最具完成工作目标的手段，其工作成绩在绝大多数组织中往往也是名列前茅。然而，这种领导者同时也是极易伤害员工士气和满意度的，同时也很容易形成不和谐的组织环境。如果员工在日常工作中缺乏追求卓越、求新图变，或更好地为顾客或领导者服务的动力，他们就会感到极度痛苦。这与他们是中央情报局特工或者零售店员工的身份无关。

我一直称这种领导者为“小独裁者”。他们醉心于主要通过使用自己手中的权威、权力给别人造成痛苦以宣示自己的领导地位。有人送小孩去看医生想请几小时的假？不行。请假参加孩子的棒球比赛或陪伴生病的配偶？不行。1966 年我在圣安东尼奥的美国空军军官训练学校接受培训时，担任我们教官的一名空军中尉就是一名小独裁者。我们的训练日程安排中有两天圣诞节假期，一位队员计划利用圣诞节假期前往达拉斯看望他刚出生的女儿。这位中尉以各种借口和理由最终成功地让那位队员的探亲之旅泡汤。这件事情尽管过去快半个世纪，但是我依然无法释怀，我觉得这位长官的荒唐行为或者反对该队员回家探亲的理由是极其惨无人道的。

小独裁者们可能会给组织带来难以估量的巨大伤害。我曾经认为小独裁者们主要是那些刚刚被提拔到管理岗位上的个别人物，缺乏培训和经验，认为强硬对待员工是证明自己在他们面前树立权威的最佳手段，直到后来，我才发现任何组织中的任何层级中到处都有小独裁者。

更麻烦的是上级主管领导者不好直接指出小独裁者们的缺点，因为他们往往与官僚机构或企业高层之间的关系熟络，而且在老板们的眼中，他们彬彬有礼、正派公正，更兼执行有力。底层小独裁者们的卑鄙似乎完美地体现在他们逢迎拍马的才华上："溜须拍马，狗仗人势"症候群。考虑到这种人可能会在组织内部引发危险的腐蚀效应，揪出这些人是非常重要的，或者将他们放到非领导职务让其继续发挥个人技术价值，或者，有必要和可能的话，直接开除他们。

一个高级领导者有小独裁者的表现则问题尤为严重。如果这种人不是组织中坐第一把交椅者，与其他地位较低的小独裁者们一样，他唯一的选择就是通过办公室主任或其他接近大老板的人阿谀奉承、曲意逢迎大老板，讨其欢心。不管在任何部门工作，我都会采取这样的措施：每次了解到下面的小独裁者们有虐待下属、员工的行为后，我的办公室主任要么将此事告知小独裁者的上司，让他去处理；要么直接警告当事人；要么，在万不得已的情况下，报告给我由我亲自处理。如果我必须与某人谈话，我会让他非常明确地意识到这是最后警告：若有再犯，将被除名，永不再用。

如果组织的 CEO 本人就是一个小独裁者，很遗憾地说，整个组织上下只能逆来顺受、忍气吞声，静候其离职或者其丑行被媒体曝光(暗示！暗示)，如果有幸，迫使其痛改前非或重新任命。

在我的职业生涯中我捶过一次桌子。那是我刚担任中央情报局主管情报分析的副局长不久的 1982 年，也正是在这个岗位上，我不知天高地厚地以一场极其严厉的批评演讲开启了我的中央情报局副局长之旅。当时有一位属下犯了一个非常严重的错误，我把他喊到我的办公室并予以非常严厉的批评。为了显得我对他的错误失望至极，我不失时机地用拳头在办公桌上重重地捶了一下。我突然告诉他立刻滚出我的办公室。我之所以匆匆忙忙让他离开我的办公室是因为我觉得我刚刚捶桌子时把手磕破了。我举着受伤的那只手在办公室来回蹦跳，时而哭时而笑。哭是因为我的手真的伤得很厉害；笑是因为我意识到自己刚刚在别人的眼中和心里应该有多么可笑。从此之后我不仅再也没有对任何人捶过桌子，而且我认为自己再也没有大声呵斥任何人离开我的办公室。那是一次身心俱痛的教训。

能够对团队成员待之以礼、尊之以宾的领导者可以赢得属下一生一世的忠诚。在整个职业生涯中，老布什对所有与自己共事或为自己做事的人总是温和有礼。最令人难以忘怀的是他送给他人的无数小纸条，用以感谢属下为了工作克服一切困难，肯定同事在工作中取得成就，赞扬人们在工作中的优秀表现，或者安慰员工在生活中所遭受的灾难或挫折。无论是白宫园丁还是内阁要员，他都一视同仁，聊他们的家庭、孩子，而且通常还能够叫得出孩子们的名字，询问他们的工作生活是否顺心，与他们讨论最近的体育赛事。他实际上把身边所有人都当作一个大家庭的成员，而且大家对他的情谊永远铭记在心。

兹比格涅夫·布热津斯基，卡特总统的国家安全顾问，是一位同样令人尊敬的领导者。1978 年，以色列与埃及之间的戴维营和平协议进入最后谈判阶段，我有一次陪他前往开罗。在同前埃及总统安瓦尔·萨达特会面时，我担任他的书记员。我永远不会忘记布热津斯基将我介绍给萨达特总统时没有说我是他的助手或者助理之类的工作人员，而说我是他的“同事”。这是非常细微的尊重姿态，但却是在我脑海中频频浮现近 40 年的一个姿态。兹比格涅夫是一位非常严格的领导者，但是他对自己身边的所有工作人员都非常和蔼热情、真诚相待。我有幸在自己的职业生涯中遇到许多这样的老板，其中包括前国家安全顾问布伦特·斯考克罗夫特和前中央情报局局长威廉·韦伯斯特等人。

据称黑帮大佬阿尔·卡彭说过："温和的语言配手枪远比单纯的语言更具效率。"诚然，永远别低估温和语言的力量。正确对待自己的属下往往可以获得不菲的回报，而且其他人也会注意到。这并不意味着要去做无原则的和事佬。领导者可以而且在必要的情况下，必须对某些个人予以严厉批评，但是考虑到他们的尊严，这种治病救人的批评行为应当私下开展，谨防再对他们造成尴尬或人格侮辱。私下的批评很有可能给受批评者带来意义更为深远的建设性改变。"公开表扬，私下批评"，谚语如是说。

即便要解雇某人也应当考虑保护其尊严不受伤害，例如建议其主动提出辞职申请。在得克萨斯农工大学解雇几位副校长的过程中，几乎每一次我都会给他们每人一年或差不多的时间来请辞。我有足够的时间处理这些事情，因为，从学术上来说，寻找他们的替代人选本身就是一个漫长熬人的过程，尽管不管在私营领域还是公共领域，对于有特殊要求的职务通常需要很长的时间去适应。以我的工作为例，在得克萨斯农工大学开展解雇行动之前，我要求我的办公室主任先去深入了解这些即将离开的雇员的退休资格、可能给他们造成的利益损失，以及其他诸如此类的问题；我想开除这样的雇员，但我并不想惩罚或伤害他们。有一两次，为了确保不会给被解雇人造成退休金或其他利益的损失，我特意延迟了对他们的解雇。领导者永远也不能丢失仁爱精神。每次当我告诉他们应该离开的时候，我对他们说我同意他们编造出任何体面的离职理由；如果他们想要告诉人们他们之所以辞职是因为他们无法与混蛋盖茨共事，我也绝对不会反驳。

担任国防部部长时，每次我告诉高级领导者他们必须离开时，我都让他们自己提出辞呈。在任何公开演讲中，谈到他们在公共服务工作中的付出和贡献时，我都会尽量表现出对他们的肯定和尊敬。我还抽时间出席了我们在阿富汗战场的最高指挥官和空军部部长的离任仪式并发表讲话。由于情况紧迫，我认为别无选择，所以我不得不在公开场合突然宣布对他们予以解职或解雇处理。他俩都非常优雅地诚恳邀请我参加他们的离职告别仪式。作为回应，我在他们每个人的告别仪式上真诚而谦逊地高度赞扬和认可了他们在职业生涯中取得的许多辉煌成就和重大贡献。我认为他俩对我的出席与讲话都是非常感激的，尽管在场的家人、朋友可能对我有不同的看法。你可以是世界上最严厉、最严格的领导者，但是对于下属、同事，你依然必须以诚相待，以礼相待。不管身处最基层的管理岗位还是身居庙堂之高，领导者都可以而且应当待人以礼，敬之如宾。借用前总统哈里·杜鲁门的话说：“永远善待那些不会与你顶嘴的人。我无法忍受那些在呵斥、辱骂下属的过程中获得心理满足的人。”

A Passion for Leadership

如欲成功领导改革，领导者必须授予属下充分的权力。

不管领导者想要开展的是规模宏大的全局性改革还是细微的局部性改革，抑或介于两者之间的一般规模改革，都不是他一个人能够完成的。他应当充分信任并依靠从一开始就参与改革目标设置、改革实施方案制定的那些属下。领导者必须乐于授予他们执行改革计划的权力。一个人不大可能有效监管一场对组织内各方产生广泛影响的重大改革的实施。不管是政府机关抑或企业，皆亦然。

组织中改革所涉及的每个层级都需要有一个全面负责的领导者，这个人不仅应当拥有实施改革计划方案的权力，而且还应当被授予根据实际需求调整或修正具体改革计划的权力。将军负责制定战术策略；但他们不会亲赴前线跟在上尉和中尉等指挥官的身后监督他们是否尽忠职守。将在外军令有所不受，军队指挥链有其自身的道理：每个人都明确自己的任务职责，但是，在具体责任范围内，他们可以根据战场实际情况进行战术调整以期取得战斗的胜利。这一原则同样普遍适用于公共和私营机关。

在我担任领导人的所有大型机构中，我所主导的每一场改革的成功无不有赖于助手和其他官员的鼎力支持与全力配合，他们执行我的指示并及时向我汇报各项工作的进展情况。一旦下定决心，我就会放手让中央情报局几位副局长以及其他情报机构的领导者、得克萨斯农工大学几位副校长和各学院院长，以及军方领导者及国防部高级官员全权负责改革方案的具体实施工作，绝不代百司之职役。我只需静候他们与专责小组负责人及其他实体领导者一道定期向我汇报他们的工作进展情况。同样重要的是，如果某人的工作陷入困境或遇到麻烦，他们需要即时知会我，这样，如果有必要，我就可以帮他们清除障碍。每每有具体负责改革方案实施的领导者建议对某些计划进行调整以期取得更佳的效果时，我很少提出反对意见。但是上述三个完全不同组织的员工都非常清楚，我对具体领导改革实施的那些人非常有信心且会全力支持他们的行动和决定。

担任得克萨斯农工大学校长期间，校园内一栋研究生公寓发生煤气爆炸并造成一死多人严重烧伤的事故。我和教务长当时正好都出差在外。副教务长和我的办公室主任召开了相关官员情况通报会，在通报会上他们了解到已然精疲力竭的维修官员只对发生爆炸的那栋公寓楼其他单元的煤气安全隐患进行了排查。我的办公室主任认为他有权力要求对每一栋公寓进行安全隐患排查，即便是需要在整个得克萨斯州寻求专业人员的帮助，无论花费多大的代价。他知道这也是我一定会采取的行动，他这么做了而且知道我一定会支持他的决定。任何领导者都希望自己的属下在必要情况下能够自主行动。

作为公司的董事会成员，我一次次深刻地感受到这种授权在私营领域也是必不可少的。如果一个 CEO 不能成为团队真正的首脑，他就不可能成功领导一家公司。

领导者若能将改革议程的具体实施授权于一个由众多高级专业人士组成的精干团队负责，他必将受益颇多。他们不一定成为你的“门徒”，但他们一般都会相信你是一个想干事业的领导者，只要领导者吹响号角，他们往往都会予以不遗余力的支持。

我试图说服军方在今后伊拉克和阿富汗战争中不要重返 9·11 之前的战争模式，而是从最近这次惨重的损失中吸取经验教训，保持一种能够应对多样化冲突的全面能力，我非常清楚，任命任何一位改革派高级将领都无法完成这一艰巨任务：一个人的力量在体制化军队面前根本微不足道。所以我邀请了众多我认为认同我军队改革理念的高级将领如马丁·登普西将军、雷蒙德·奥迪尔诺将军、戴维·罗德里格斯将军、彼得·基亚雷利将军、劳埃德·奥斯汀将军，以及其他许多浸淫军方各领域十余年甚至数十年的实权派军官。我还支持并同意陆军部部长将戴维·彼得雷乌斯将军从阿富汗战场调回国内并担任新准将遴选委员会主席一职的建议。我希望这几位在非常规战争中脱颖而出的指挥官能够在美国军队适应未来多元化战争能力建设中发挥自己的特长。在“大军队”的建设中，为了使他们上任后更具自信和威信，这些叛逆偶像绝大多数都得到了擢升提拔。

授权给那些认同自己所定改革议程的下属，能够确保改革大计即便在自己离任之后依然能够按照既定方案得到全面推进。授权给下属还可以帮助他们形成和发展各自独有的领导才能以及决策风格，从而不仅拓展了他们的职业前景，也为公司未来的可持续发展培养一支强有力的高层领导人团队。皆大欢喜的多赢局面。正如 2011 年我对美国海军学院毕业学员所说的，领导力还包括“甘愿身居幕后，让其他人受到关注和赞扬的能力。一名优秀的领导者能够做出决策然后信任并委托他人去执行。但这并不意味着你只要做出决策就可以高枕无忧、静候佳音了。对他们的信任并不意味着你对他们的工作放任自流。记住一条底线：自信的领导者绝不会用自己的影子去扼杀别人的成长”。

A Passion for Leadership

成功的领导者和改革家永远不会错失任何一次赞许为自己工作的集体和个人的机会，而且每当自己手下的优秀员工面临升迁发展的机遇时，他非常乐见其成。

有太多的领导者，每每因为工作上取得的成绩受到上级领导人祝贺表扬时，总是非常受用地将所有功劳和光环加在自己的头上。对于工作中表现突出的员工，真正的领导者总会不失时机地予以肯定和赞扬。每次我对伊拉克和阿富汗战场上的指挥官们予以表扬时，他们总会立刻告诉我及其他任何人，一切战绩的取得都是全体官兵共同奉献的结果。没有一个贪功者。

真正的领导者总会想方设法为团队成员的进步发展创造机遇和条件。输出一位得力干将确实需要忍痛割爱，而且对一个组织来说也往往是一个巨大的损失。我认识的领导者中有太多的人以某位属下的升迁可能会影响大局为借口与上级领导人讨价还价，拒绝放他走，甚至挖空心思地为某些属下的升迁设置障碍。1974 年我第一次应邀从中央情报局借调到国家安全委员会工作时，我的一位高级老板曾经非常坦率直白地告诉我，等我借调期满再想回去时，中央情报局将不会有我的位子。有无数胸怀抱负的人在自己的职业生涯中都有过被自己的“领导者”设计阻碍的经历。

中央情报局的这次亲身经历之后，我就下定决心，在今后的工作中，对于那些有机会获得升迁或到更有前途的岗位发展的优秀属下，我一定给予他们力所能及的帮助和支持。担任国防部部长期间，对于主管情报工作的副部长、我的老朋友兼老同事吉姆·克拉珀的调动也曾让我痛苦不已，但是当奥巴马总统拟任命他担任国家情报总监时，我立刻意识到这将是他职业生涯中的一次重大进步，而且对国家来说这也是一个非常重要的决定。老实说，我甚至向奥巴马总统积极推荐了吉姆。我的国防部部长工作对军事副手的依赖性非常大，因此从哪一方面来讲，我都希望他们能够与我共事更长久一些。但是我绝对不会阻碍他们的进步与发展。

五角大楼礼宾主管责任重大，职责范围无所不及，包括外国领导人来访接待、各种仪式庆典、总统出访等无数重大活动的安排。我刚被任命为国防部部长时担任礼宾主管的是玛丽·克莱尔·墨菲，她真是天生的礼宾主管料：热情大方，富有创造力，专于细节。在这一岗位浸淫多年的她获得了前往一家大型公司负责监管其基金与慈善事业的机会。这是一个拓展个人经历的绝佳机会，而且进入一个个人发展与其老板的政治命运关系不甚明显的领域。因此，尽管十分不愿不舍，我还是鼓励她抓住这次机会。她是一位多么友好的同事啊！甚至在离开五角大楼多年以后，她还经常应邀回来参与一些重大活动的组织服务工作，包括奥巴马总统出席并发表演讲的胡德堡军事基地13名遇难士兵纪念仪式。

无论是公共领域还是企业领域，任何试图阻碍他人进步发展的行为都是一种暂时、短视的表现。如果一个领导者的组织被认为是高效和谐、人才辈出的地方，在那里，有才华有抱负的员工可以预期自己的成长、发展和进步，最有才华的人才自然会纷至沓来。这样的办公室将很快获得未来杰出员工培养输出基地而非职业死胡同的盛名。相信我，如果某一个部门不断有员工获得升迁、发展，这自然会引起上级领导人对该部门领导者的注意。

从另一个角度而言，授权不仅意味着给予自己的属下职业教育或经历拓展等各方面的机遇，也意味着关注他们的进步发展。小事件可以产生重大的意义，例如，初级、中级专业技术人员与高层官员的见面可以为他们在领导人面前展示自己的才能或与其他领导人碰面的机会，从而让自己在高层领导人心目中留下深刻印象。米歇尔·弗卢努瓦是奥巴马第一届任期内负责政策事务的国防部副部长，她在提高属下的工作能力、职业素养和发展潜力方面的坚定决心是令我敬佩的众多原因之一。从这一点来说，她是一位真正的领导者。

担任中央情报局局长期间，我总喜欢找一位工资序列为普通目录 GS–13 级的分析专家（相当于部队少校级别）前往椭圆形办公室为总统提供简报。无论我是否一同前往，我都对他们充满信心。我从来没有看走眼过。担任国防部部长期间，有时候出国访问时我会带上一名年轻的司务助理与我一同乘坐豪华轿车，陪我检阅仪仗队、参加欢迎仪式并出席正式晚宴。这是我对他勤奋敬业的一种认可，但是我知道，根据我的亲身经历，他永远也不会忘记这种场合。这么做还有另外一个重要意义，就是让外国高级官员意识到，在我访问结束后的很长一段时间内，他们将与我们的司务助理打交道。这会让外国高级官员意识到与他们接触的这位美国中层官员是有机会接近其老板的，因此在日后的外事交往中，他们会给予他更多的重视和尊重。

从高层领导的转角办公室居高临下视野开阔的优势来说，无论你是公司 CEO，抑或为军队选拔下一代领导核心的国防部部长，抑或只是一位中层经理人，发掘人才并培养他们茁壮成长是每一个领导者的两大主要责任。之所以如此不惜篇幅地强调领导者的这些特别责任，我认为主要得益于我个人从授权中获得的巨大成功。1982 年 1 月，时任中央情报局局长威廉·凯西和他的副手鲍勃·伊曼略过数十名资历更老、级别更高的官员直接任命我为主管情报工作的副局长，因为他们相信我一定能够胜任，并且愿意让我成长为他们的行政主管去履行新的职责。

时刻关注下属的领导者总会获得不菲的回报。

A Passion for Leadership

成功的领导者一定会时刻关注并评估自己身边及手下的员工。他应当授权给那些才能出众的属下，尽管他们会有这样那样的缺点或不足，他要努力去帮助他们扬长补短。

评估自己的属下、员工是每一位领导者的基本职责之一：谁是财富，谁是负资产？几乎所有公共官僚机构的职员绩效评估及评估过程都存在缺陷。对个人能力的评价往往缺乏准确公平的规则标准。当面告诉某人他的缺点、弱点或有待改进和提高的方面，甚至以建设性的方式指出他的优点实际上是比较困难的。这种评价往往出现两种不同结果：上级主管的评价要么非常消极，从而让被评价者觉得自己可能要被炒鱿鱼；要么极其平淡无奇、不痛不痒，就连那些不称职的人都觉得自己表现不俗。

书面评价更糟糕。部队里根据许多不同的标准对个人进行打分评价，从表现最差到最优秀。在现实生活中，任何没有达到最优秀的成绩都是灾难性的，而且基本上意味着职业生涯的终结。同样，如果“评价”栏中没有被描述为“可以做到水上飞，可以一下蹿上高楼”的话，那他的晋升机会将会非常渺茫。评价结果的重大影响力是主管们不愿意对自己的官兵做出真实评价的原因。举一个极端的例子，许多主管后来都承认他们之前注意到了胡德堡军事基地纳达尔·哈桑上校的异常举止，但是他们从来都没有将这些情况写进对他的评语。尽管很明显这是一个极端的个案，不愿意将员工的问题和缺点写进其评语俨然成为一个非常典型的问题。

从属下的角度而言，这种评价体系助长了他们的忍气吞声，他们不愿意挑战自己的上级或者坦诚以待。只要他们保持低调顺从的姿态，他们就能够确保获得优秀的评价以及后来的晋升机会。不安分守己将会给自己的未来带来翻船的风险。

中央情报局的员工评价准备工作虽然不似军方那么复杂，但类似的倾向也颇为普遍。的确，担任中央情报局副局长期间，经常会有高级官员要求我以某些员工表现差为由批准他们提前退休。我会要求查阅这些官员的个人档案，而且我非常确定，他们前几年获得的评语毫无例外都是“优秀”或“杰出”。多年来并没有任何关于其表现欠佳或能力不足的书面记录，长官们希望我找借口让某人提前退休。在这种情况下，为了迫使他们在今后的评价工作中给出更加真实的评语，我通常会拒绝他们的要求。担任得克萨斯农工大学校长期间，尽管我曾经郑重其事地要求副校长督促人力资源部门制定一套能够让各部门主管自由自主地对其员工做出真实评价的绩效考评体系，我还是不断遇到这种情况。

机关领导者之所以不能以表现差为由调动或开除一个员工很显然应归咎于失败的评价体系。例外情况少之甚少。企业领域更是日益如此，如果你想开除某位员工，你最好保留一定时间段以内的警告、谈话等记录，否则你将面临诉讼麻烦。无论在公共领域还是私人领域，中央情报局局长可能拥有最全面的单方面解雇员工的权力，这种权力得到了联邦最高法院的肯定和支持。即便这样，如果你的评价被认为是“武断而多变”的，中央情报局局长的权力同样会受到挑战。因此，即便是在中央情报局，纸质评价记录也是必不可少的。

在我的中央情报局职业生涯早期，我连续几年的年度考核结果都是优秀，但是有一年我们的新老板给了我一个非常糟糕的年度考核评价。也有一个好消息：他给我们小组的全体员工都做出了非常糟糕的评价。我们一致向命令链高层提起抗议，令人惊讶的是，几个月后，他被解除我们小组领导人的职务。我们小组，无论是集体还是个人，都有着非常优秀的绩效评价记录，很显然，高层领导人不愿看到因为一个糟糕的领导者而迫使我们流失到其他部门。多年以后我意识到，这种处理结果实属千年不遇的意外。

对员工能力的评价不仅非常困难，而且存在很大风险。缺乏客观精神的“凶悍”领导者可能会因为其不公正的评价迫使人才离开组织。老板的评语用词不当还有可能让你吃上官司。我希望能够提供一个不是很难也不是很简单但适当的员工评价方法。但这也不是一种一招通吃的千金良方。虽说领导者不能因此摒弃正式的评价程序，其他多种方法的合理使用还是可以在最大程度上减少正式评价所固有的负面影响和不足。

- 一个差的或者优异的评价结果是否属于异常，如果是，那么评价人员是不是这项工作上的新手？如果不是，那么造成这种巨大变化的因素是什么？
- 一如既往，我的建议是多聆听。仅仅通过广泛听取意见心声，我就掌握了员工表现的大量信息。朋辈之间的工作交流、员工之间流传的闲言碎语，老同事也会告诉我他们听到的各种信息。领导者身边的直属工作人员对下级的行为通常会有更为深入的洞察，或者会看得更清。领导者应当毫不犹豫地听取他们的意见或者利用他们能够深入了解下情的便利。你所收集的几乎所有信息可能都只是闲言碎语、道听途说、感性印象，或者轶事趣闻。但是将所有信息碎片整合起来，对于某个部门的领导者是否有问题，或者他是否还有其他更多问题以及是否有必要开展更为深入的调查提供了一个直观的参考。

- 观察人们在开会时的行为是一个非常有效的途径：面对自己的直接上级在场的情况下，下级是否敢于大声说话？如果领导者的讲话存在明显错误，属下是否会立即予以纠正？或者，反之亦然：领导者是否会或者如何威胁大声讲话或者纠正他人错误观点的属下？是否会有员工敢于使用幽默或讽刺的话语发表自己的观点？我一直认为对幽默的宽容度很能说明一个组织的健康状况及其内部的人际关系。

企业领域的员工评价虽说有其自身特有的缺陷，对员工技能等诸如此类无形的素质的评价，困难性丝毫不亚于公共机关。但是企业领域的许多工作至少有一些明确的绩效指标。某个员工是否完成了它的各项指标？他是否完成了销售或者收入目标？他是否达到或者超过了自己的费用分摊？客户对他的投诉是否有所下降？我觉得企业领域的有些绩效指标是可以而且应当被广泛应用到公共机关的。评价不应该完全依靠枯燥的数字说话，但也不能完全是主观描述。

坦率是一个领导者成功的关键。每一位领导者应当明白，创造一个让所有诚实肯干的员工感觉怡然自得的环境或许是保住自己领导位置的最廉价的方式。

认为无须坦诚相待的领导者，通常注定无法在日常工作中得到至关重要的意见建议。我永远不会雇用这种属下。然而，仅仅口头上鼓励员工坦诚相待、大胆表达自己的观点是最没有意义的花言巧语；只有通过日久天长的身体力行说服员工，让他们毫无顾虑地指出领导者的错误或表达自己意见的人才是认真的、想成事能成事的领导者。

乔治·华盛顿非常敏感但非常重视诚实与批评的重要性，他曾经写道："我可以容忍无中生有的或真实的错误。一个人要想正确对待别人的观点就必须这样，因为有则改之无则加勉，韬光养晦，以德服人。"唯愿所有领导者都能有此等胸襟与智慧。没有人生性闻过则喜，但是每个人必须听取别人对自己的批评或者对自己缺点、不足的提醒，而且必须乐于听取。

乔治·卡特利特·马歇尔是美国最伟大的军事家、政治家之一，第二次世界大战时的美国陆军参谋长，享有第二次世界大战"胜利设计师"的美誉，他是战后挽救欧洲的马歇尔计划的制定者，曾先后担任国美国国务卿（1947.1—1949.1）和国防部部长（1950.9—1951.9）。1938 年 9 月，英国首相内维尔·张伯伦与德国法西斯头子阿道夫·希特勒签署《慕尼黑协定》之后，当时还是准将的马歇尔第一次参加白宫会议，出席那次会议的还有许多级别更高的官员。根据历史学家埃瑞克·拉兰比的描述，罗斯福总统在会议上提出在一年之内建造 10000 架飞机的项目方案但是没有获得广泛支持。会议结束时，罗斯福问马歇尔这一方案思路是否正确。马歇尔回道："非常抱歉，总统先生，我完全不赞同您的方案。"几乎所有与会者认为马歇尔的职业生涯将就此完结。但是不到一年，罗斯福总统任命马歇尔担任陆军参谋长。马歇尔说过一句非常著名的话："对领导者说实话吧。"然而，与马歇尔的勇气和诚实同样难能可贵的是，罗斯福总统对身边有一个愿意说实话而不是说好话的人重要价值的理解。

实际上所有领导者都会告诉自己的属下他们需要和期待诚实。问题是绝大多领导者口是心非。他们基本上都与米高梅电影公司创始人之一的塞缪尔·戈德温属于同一类人。据说戈德温曾经颇为严肃地告诉他的员工："我身边不需要任何应声虫。我需要的是宁可丢掉工作依然原意跟我说实话的人。"没有一个人，特别是身居组织最高层的领导者，希望听到别人指出自己犯了或者将要犯一个巨大的错误；或者指出他的演讲非常糟糕；或者他的政策是失败的；或者他完全误判了某人。许多常年被灌输欢迎对领导者以诚相待的专业人士正是因为坦率直白地表达了自己的观点而遭雪藏或者边缘化。例如，埃里克·新关将军，仅仅因为坦率地告诉国会占领伊拉克可能需要数十万兵力而遭到时任国防部部长的排挤打压。无独有偶，中央情报局第六任局长理查德·赫尔姆斯因为向尼克松总统坦诚表达了自己的意见，即中央情报局不会为水门事件背黑锅，最终遭尼克松解职。当代许多总统执政期间，像马歇尔这样以诚相待的异见人士最终因言获罪，被打入冷宫，成为不受椭圆形办公室欢迎的人。我不得不说，尽管我对奥巴马总统时有异见，并总是坦率表达我的不同观点，他从来都没有要求我妥协或者冷落我。

没有谁的决策总是正确的，也没有谁的每次采访、听证或演讲总能取得圆满的结果。然而几乎所有领导者，尤其是企业和政府的高级领导人，身边总会不缺少随时高唱他们如何英明、如何伟大、如何高瞻远瞩和运筹帷幄的谄媚者。任何正常人都喜欢听别人说自己如何伟大正确，危险恰恰就在于此，因为这种评价很少是真实的。金无足赤，人无完人，我们绝大多数人都有我们自己无法轻易发现的缺点、盲点和偏见。我们往往很难洞悉我们的决策行为的后果，不管是有意还是无心。

在家里，如果幸运的话，配偶会让我们时刻保持冷静清醒、脚踏实地。20 世纪 70 年代我在国家安全委员会工作时，回到家我经常会向妻子吹嘘当天与总统一起开了会，我往往会得到这样的回应："非常棒，亲爱的。现在去把垃圾倒掉。"在工作中，我们也需要这样的人。每一位领导者身边都需要勇于自由表达观点的人。

众所周知，以诚相待，即便你申明热烈欢迎坦诚相待，有时候却是非常困难的。在中央情报局、得克萨斯农工大学以及国防部工作期间，我努力营造一种鼓励和欢迎以诚相待的轻松环境。我明白我是多么需要大家诚实以待。即便如此，在中央情报局期间，只有我的副手、秘书、行政助理、法律总顾问、国会事务主任、监察长等人能够与我真正坦诚相待，其他任何部门的高级领导人都不愿意对我袒露心声。在得克萨斯农工大学期间，我只能倚重我的行政副校长、校长办公室主任、秘书、特别活动主任、法务主任，以及主管财务的高级副校长等人。从另外一方面来说，大学校长永远无须担心教师不愿与其坦诚相待。我发现一个非常有趣的现象，无论在中央情报局还是得克萨斯农工大学，愿意与我真诚相待的女性远比男性高得多。

在国防部期间，令我感到惊喜的是愿意与我以诚相待的人数远远超出了我的预料。这些人包括时任参谋长联席会议主席彼得·佩斯上将及其继任者迈克尔·马伦海军上将、我的办公室主任、高级军事助理、新闻发言人以及我的直属办公室的几位助理。我还发现几乎所有部队主官和高级指挥人员，特别是在事关伊拉克和阿富汗战场的担忧、决定以及预算问题等方面都是非常坦诚的。我遇到的每一位初级官员、男女士兵也都非常坦诚。他们都很棒。也许是因为他们身处指挥链最底端，所以他们会这样想："实话实说，你能把我怎么样？"非常令我意外和开心的是，在等级制度最为森严的组织中我遇到的每一位身着制服的男女居然是我 40 多年职业生涯中遇到的最坦诚率真的人。

对于为什么部队官兵与中央情报局及大学行政人员之间存在如此巨大的差异我想过很久。我相信高级官员与我有不同意见时一般都只是点到为止，存在较大的保留，不会完全展示他们与我的分歧究竟有多大。但是我非常清楚在重大问题上他们总是能和我保持一致的立场。很显然这绝对不仅仅是因为都喝着五角大楼的水，更有可能与他们的军旅生活及文化有很大的关系，或者也可能是因为事关国防风险巨大，以及他们对军队的一种难以舍弃的责任感。

每当有人劝我改变主意，敦促我重新考虑某个决定或者承认我犯了错误时，我都会在公开场合对此事做特别强调，包括向我提出真诚建议的人的姓名。例如，在美国驻韩国部队新司令员提名问题上，我决定第一次从陆军以外的部队确定人选。陆军参谋长乔治·凯西上将前来与我争辩，他说面对韩国当时的情况，由陆军出身的军官再担任司令员至少一任是非常必要的。乔治提出了一个非常有说服力的案例，所以我最终改变了注意。我非常开诚布公地告诉大家是凯西让我改变了主意。我想竭尽全力让大家明白坦诚是一种职业强化剂，绝非职业摧毁器。

即便如此，正如我之前所说，我所领导过的另外两家机构中愿意公开指出我的缺点，或表达自己不同意见，或提出相反意见，或提醒我可能会犯错误的人数少得让人失望。我常常怀疑这些不愿意与我以诚相待的官员是否会特别欢迎他们自己的属下与他们坦诚相待。的确，在得克萨斯农工大学期间，找我谈话的教职员工常常会问我为什么他们的院长或者主任在许多事情上不能像我一样开诚布公。

在过去 20 多年中，我曾担任过十家公司董事会的董事，而且我发现在一些问题上，特别是从 CEO 以下的职员那里，得到诚实的回应与在公共机关一样极具挑战性。行政人员不愿意承认问题、错误，或某项计划的失败。开会期间，即使让较低级别的行政人员承认自己不知道答案通常都像拔牙一样艰难。如果公司高级官员对董事会成员不能以诚相待，我担心他对 CEO 亦是如此，当然或许 CEO 根本就无须下级与其真诚相待。在我担任董事会成员的一家公司，没有迹象显示该公司的 CEO 不曾考虑过这个问题，似乎只要他承认自己从来没有想过这个问题就会反映出其他深层次不足似的。我总认为这种话简直就是胡扯。相反，我常常认为行政人员在会上积极表达各自不同的意见的意愿是一个公司内部环境健康的反映。记住底线：缺乏坦诚对于公共机关和企业来说都是一种困扰，而且对两个领域的工作效率来说都是一种严重的障碍。

尽管困难重重，领导者仍需尽力争取，因为真诚的建议对于事业的成功如此重要。每一位领导者必须鼓励谦恭、忠诚的不同意见。每一位领导者必须寻找每一次可能的机会以证明坦诚相待是受欢迎和尊重的。领导者必须将愿意说实话的人聚集到自己的身边。即便领导者不同意某人的评价或批评，他也能够意识到这些不同的意见并做好更加充分的准备以应对他人的担忧。领导者需要坦诚相待，是因为我们没有一个人像我们自己想象的那么智慧。

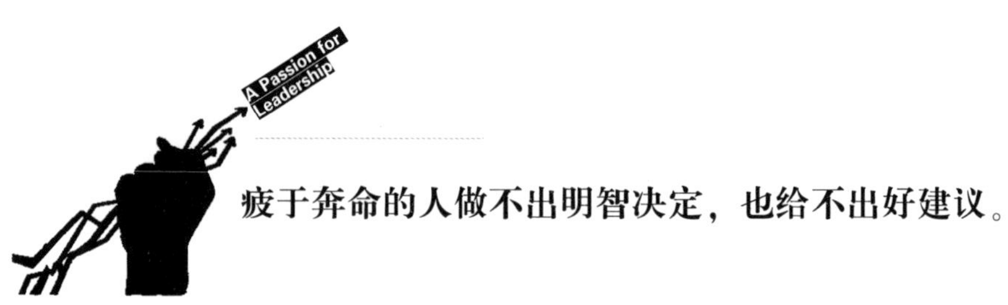

里根总统经常说努力工作永远不会让任何人死亡的确是事实，但他觉得找不到去冒这个险的任何理由。尽管许多机关工作人员将这句话奉为圭臬并总是迫不及待地看时间，期待早点下班，然而，不管是公共机关还是私营企业，总有许多人每天都要超长时间加班加点，而且加班的理由总是那么蹩脚。的确如此，特别是中央情报局、国防部、国家安全委员会，以及其他许多国家安全部门和机构，都有一个不成文的规定，即如果你每天工作不超过 12 小时或 14 小时，甚至周末不加班，就说明你是一个不思进取的懒鬼。有些时候，下属下班后仍然长时间待在办公室仅仅因为他们的老板还留在办公室，并且随时可能会喊他们。黑莓手机和其他智能手机的出现使得情况变得更糟糕，因为不管老板是在家里还是在度假，他都可以借此监控办公室内的一举一动。当然也不排除有些时候的确需要加班来完成某些紧迫的任务或处理某些临时危机，但我认为绝大多数情况下的加班都与办公室文化、习惯以及逞能思想有关。我的天哪，我的工作太重要了，我每周需要工作 70 小时。我担心绝大多数老板强迫员工长时间加班仅仅因为他们想证明自己有这个权力。

同样，我在联邦政府和一些企业经常遇到许多几乎从来都不休假的员工。我总觉得要么是他们对自己之于组织的重要性认识太过于夸张；要么是他们太缺乏自信，担心自己去休假之后别人不会想念自己从而觉得自己的岗位对公司而言可有可无；万一休假回来发现自己的办公桌被撤走了。担任中央情报局局长时，我每年 8 月份都要休 3 周的公假，即便身为国防部部长时我每年夏天都要休 2 周的公假，然后圣诞节时再休 1 周。担任得克萨斯农工大学校长时我每年休假 4 周。我们所有人都需要充电，也需要陪伴家人，而且在担任上述三个职务期间，每次当我休假回来时我那个黄色的小记事本上总会写满了各种想法以及未来改革的方案设想。

担任中央情报局局长及国防部部长期间，我一般早晨 7 点到办公室，中途到白宫参加一个会议，我会尽量赶在晚上 6 点前下班回家。尽管每天 11 小时的工作时间严格来说不是游手好闲，但我经常是晚上第一个离开办公大楼的人。尽管我总会带着满满一公文包文件回家处理，我认为准时下班是一种健康的生活方式，回家，陪妻子，而且在中央情报局工作时还要陪我的孩子们，喝点酒放松一下，然后与家人共进晚餐。我之所以坚持按时正常下班还有一个原因，就是希望那些因为我加班而继续留在办公室的人也能够准时下班，与家人共度晚间时光。担任国防部部长期间，尽管星期六或星期日我经常不得不前往白宫参加会议，但是在这四年半时间内，我从未在星期六踏进国防部办公室一次。我不想一个人去，但我更不愿意一大帮属下仅仅因为我不愿在家而想要在办公室处理邮件就牺牲他们自己的休息时间来陪我。

众所周知，有时你会发现，不管是在公共机关还是私营组织，领导者不得不要求自己的下属付出超常规的努力，也许是相当长的一段时间。正如基层军官或军士必须为自己手下的年轻士兵争取福利一样，明智的领导者自然明白自己身负保护下属身心健康的责任。这当然包括尽量避免不必要、没有重要目的的长时间加班，鼓励人们充分休息，这样，在真正面对巨大危机或需要开展重大改革任务时，你的团队才会有活力和储备力量发挥最大能效。

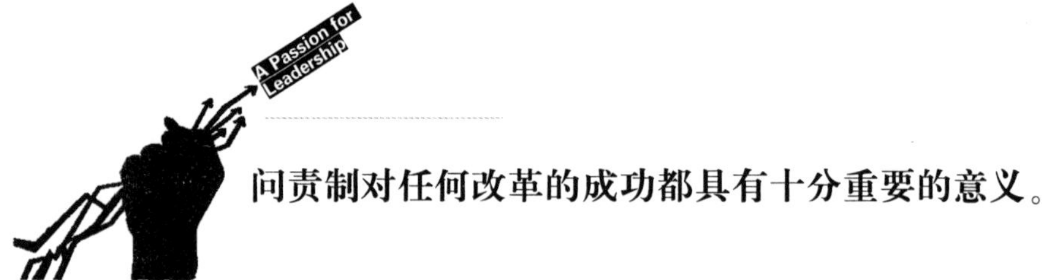

问责制对任何改革的成功都具有十分重要的意义。

成功实现机关改革的唯一途径是授权个人具体负责每项任务的实施，并设定可测评的阶段性目标，让这些个人为其所承担任务的成败负责，并对他们给予恰当、可能的奖惩。

因为在大型组织中，每一件事情的责任都是非常分散而不确定的，一旦有些事情出了问题或者运行不畅时很难区分责任并让具体某个或某几个人负责。这是一种传统智慧并且的确经常存在。但是这种智慧既不必要，也不是不可避免的。

大型组织中没有高级官员为一些严重失误或重大灾难负责很常见。这样的例子俯拾皆是。除了我之前提到的那些令新闻媒体饶有兴趣的重大失误外，还值得一提的有 2014 年退伍军人医疗丑闻、通用汽车 2014 年重大召回事件、房利美和房地美的经营不善，以及其他更多灾难。除极个别案例外，没有一个高官真正因为无能、失职或渎职被问责。如果没有高级官员为未能成功阻止或积极应对重大灾难负责，就不难理解为什么从来没有官员因为慵懒无能而被问责了。

但事情本不应该这样。如果你真的想要实施一项持久性官僚机构改革，你别无选择，只能要求人们，特别是高层管理人员，对自己的工作表现负责。在几十年的公职生涯中，每当出现重大问题或失误时，往往总是基层或中层官员被问责，并且不得不卷铺盖走人，而那些本应该意识到可能会发生问题但依然我行我素的高级官员却总是毫发无损。多年以前，我就暗下决心，他日若遂凌云志，敢叫问责不留情。

令我感到不可思议的是当我真的解雇了某个高级官员后华盛顿上下所表现出来的惊愕，他们震惊于一名政府高级官员在没有造成大规模屠杀后果或者因为一袋赃款被抓居然真的被问责解职。想想近年来公共机关和私营企业出现的无数重大灾难或问题，想想这么多官僚机构日常性渎职、懒政，居然鲜有高级管理人员被问责解职，真的令人震惊。最主要是因为投鼠忌器，解雇一名高级官员会对提拔任用他的老板、总统或者 CEO 产生很不利的影响，或者会对政治领导人的整体政策产生重大影响。这就造成毫无根据的表扬与责任转嫁的恶性循环持续上演。

地方政府和大学的情况与联邦政府实际上并无二致。在对高层管理人员问责方面，私营企业领域的问题与政府机关一样，而且公司规模越大，问题越相似。事实上，官员无须为自己的过错负责看起来确实成了所有官僚机构的固有特征。在政府机关，如果你报销单据造假，旅行娱乐奢靡，或者办公室装修奢侈豪华，你都会被解雇。但是如果在你的监管下出现重大金融危机、重大项目失误、严重战场败绩，或者将一所优秀的学校或一项伟大的改革工程带入万劫不复的深渊，那你根本无须担心要为此负责。这是一种非常失败的领导体制。

同样，如果立法机构或媒体要求就某项灾难、工作失误或被长期忽视的问题对某人“问责”，只能说明他们真的想要搞掉他了。“问责”成了“责难”的同义词。这是一种非常糟糕的现象，因为对领导者来说，问责制是一种无价的工具，而且真的与授权不可分割：确定目标，然后进行绩效评估，结果既可以是积极的，也可以是消极的。私营企业领域可以通过奖金、股权、加薪，以及其他诸如此类的经济杠杆更加有效地实施问责制，而这些奖励在公共机关基本是不现实的。后者的问责制主要表现为少量现金奖励、嘉奖信，或者奖杯等形式。公共官僚机构问责制的正面奖励精神意义大于物质意义。

问责制的实施途径多种多样。如果某位员工确实无法胜任目前的工作，领导者应当将他调到适合的工作岗位，或者在找到永久性解决方案之前，至少应先将他调离岗位。失误一次给予口头或书面申斥一次，私营企业领域可以给予适当经济惩罚，例如扣发奖金等。如果有下属故意为你的工作设置障碍或者任由重大问题发生而不采取任何措施，那你必须毫不迟疑地开除他。如果现有规定和制度使你不能真正开除这种害群之马，那么请将他贬谪到地下室的空办公室。尽管这么做可能显得过于极端，其意义在于向组织内其他人传递一种明确的信息：玩忽职守、庸碌无能，或者蓄意作梗者将无立足之地。让员工，特别是年轻员工觉得错误疏漏或平庸无能不会得到任何惩罚对任何组织来说都是一种巨大的伤害。如果无论表现如何，每个人的待遇并无差异，更加努力或更加聪明有什么意义呢?

解雇或处罚一名底层雇员通常比解雇或处罚一名高级管理人员或高级经理人容易多了，但是对任何领导者来说，真正应该做的是让那些高层人员明白他们必须为自己的行为负责，因为领导者想要成功实现自己的改革目标，他真正需要依赖的正是这些人。如果高层员工工作不力或者抵制改革，那他们就必须离开，而且领导者必须采取明确行动。这是作为改革代理人必须付出的代价。

实行问责制并敢于解雇高级行政管理人员是否会造成恐慌心理?华盛顿一名资深记者告诉我说，我是历任国防部部长中真正用心经营国防部的少数几名部长之一。他继续说，因为我让国防部官员“吓得要死”。我当然不愿意看到这种情况发生，但是我猜想在华盛顿特区几乎没有任何高官因为任何事情被解雇，而我有好几次大胆地解聘高级官员的行为可能的确造成了恐慌。就我个人而言，营造恐惧并不是一种建设性的领导策略。如果这仅仅是要求人们对自己不尽如人意的表现负责的一种副产品，那就顺其自然吧。

本着同样的精神，我想做一个郑重提醒。有许多新履职的老板，特别是高层领导者，甫一上任就寻找可以解聘的对象只是想要证明他们手握生杀予夺大权，能够“向任何人问责”。他们希望营造一种新官上任三把火的恐惧氛围。我为每一名员工提供在新领导人面前证明自己的机会。作为行政机关领导者，上任伊始就解雇员工看起来更像是在炫耀肌肉或大摆威风。当真正面对不得不解雇某人的场合时，我都是慎之又慎，三思而后行。

在过去的职业生涯中，我的确开除、调离，或者申斥过不少高级官员。每一次事件中，我都不得不对我个人非常喜欢的人采取行动。每一次都是一个艰难的决定。只有为数不多的几次我认为是因为他们的行为确实极端恶劣。绝大多数情况下，我只是觉得被问责的这些人不能胜任他们的岗位。我觉得，不管是公共机关还是私营企业，领导者面临的最艰难的人事决定是他发现在组织内勤勤恳恳忠诚奉献多年，通常是数十年的员工并不具备帮助组织走向更为优秀辉煌的必需才能，或者他并不具备继续承担下一步任务的素质背景。

让这种人留在原位的代价太高。撤换他们对于胸怀改革梦想的领导者来说是一个特别巨大的挑战。如果只是为了保持现状，这种才能的人尚可容忍，但是意欲实现转型变革，这种员工则是绝对不能容忍的。

领导者必须执行问责制的底线：他准备告诉一位服务多年、勤奋努力、有能力的资深员工他无法将他的部门带上更高的层次，因此他必须退休或者调整到非领导者岗位？从某些方面来说，这是对改革代理人最大的考验。问题必须得解决，但方式要尽可能温和。如果该员工太年轻还不到退休年龄，是否能够安排一个高级顾问或者其他可以让他体面地过度的职务或角色？担任中央情报局主管情报事务副局长最初的两三年，当我觉得必须撤换一批业务主任时，我为他们每个人都安排好了替代性职务，没有一个人被开除。同样，担任得克萨斯农工大学校长期间，除了一两个我觉得有必要予以立即撤换外，我尽量让绝大多数被撤换的人的离职显得自然体面。整个组织上下及其他利益相关者都会密切关注领导者如何处理“老手”的免职问题，可能获得绝大多数赞同的这一行为必须得做，但是要对他们过去多年的服务和贡献给予适当的认可和感谢。

从历史上看，自打进入共和国时代起，质疑权威以及在接到指示或命令时问为什么已经成了美国人的特点。纵观整个历史时期，美国军人最大的优点就是在必要的时候敢于而且能够独立思考、独立行动。如果说有任何变化，那就是我们的现代文化强化了民众对权威人物，即老板的质疑精神。对权威的敬畏，以及任何形式的尊重都是靠赢得的，不是与权力俱生的。在时间的长河中，在务实的作风和诚实的品质挤压下，犬儒主义正在逐渐丧失其立足之地。

与傲慢自大、专制独裁或谨小慎微、优柔寡断的老板，以及自我主义者、平庸无能之辈、伪君子、大话王们一起共事的经历让官僚机构中的绝大多数员工都变成了深不可测的防御高手，他们对自己的领导者向来是存疑的。然而，正是这些人需要领导者劝说他们相信改革的必要性和重要性，并获得他们全心全意的支持。前面几章，特别是本章中的建议旨在为领导者突破专业员工的质疑，并让他们对自己追求的改革大计予以大力支持提供一些有益的方法建议。

要想有效实现官僚机构改革，领导者必须首先让员工渴望优秀并为之自豪。特别是在经济奖励不太现实的公共官僚机构，领导者必须主要依赖无形刺激的激励作用。在劝说他人相信摆在眼前的任务——自己追求的改革大计——之前，领导者自己首先得深信不疑。他自己首先要表现出对组织满满的自豪，才能影响他人。如果他想要下属做到什么，首先他自己得表现出积极、渴望的态度。如果有员工面临必须离开或调岗的情况，请尽可能予以人道的方式解决。

在当今的美国，如果领导者想要鼓励他人追求卓越，他自己就必须以身垂范。他必须待自己的员工以尊重和尊严，授权给他们，与他们以诚相待，信任他们，并让他们对自己的行为负责。他不可能让每一位员工都与自己同心同德，但他必将影响足够多的人同他一起实现自己的改革目标。只有愿意与你同舟共济的那些人才能帮助你实现你梦寐以求的改革夙愿。

6. Stakeholders: Friends and Foes

利益相关者：朋友还是敌人

组织领导者，特别是大型组织领导者，总能听到不同声音。许多不同声音。一种不和谐的声音。各种有发言权或者希望有发言权的团体或个人都希望领导者知道机构的运行对他们来说有多么重要。正如我之前说过的，这些团体或个人可能是立委、董事会、社区官员、评议委员会、退休员工、校友、媒体、工会、员工、基层管理人员、学生、客户、上游供应商、游说集团、专业组织、认证委员会、调查机构、来自各级政府的监管者、社会活动组织、政治组织，等等不一而足。所有的声音都代表着不同的利益、权力、立场，以及诉求。有些发声者对某个组织有正式的责任，更多的则没有。但是所有发声者都可以被称为利益相关者，并且要求获得关注和满足。尽管私营企业及官僚机构也会听到许多这种声音，但公共机关几乎完全淹没于这些声音以及为应对他们所花费的时间之中。机构改革尤其能够激发他们的兴趣。

尽管利益相关者非常苛责，领导者的成功还是有赖于同他们建立良好的关系。也许他并不想要或不需要他们的“帮助”。他也许根本不喜欢或不尊重他们。但面对如此广泛的公开敌意，他也许很难生存下来。他必须花费时间在他们身上，而且，请容我再说一遍，他必须认真听取他们的声音，即便不能总与他们达成共识。领导者永远不能忽视一个非常重要的事实就是这些声音在当时可能的确非常令人不爽，但事实上却大有裨益。

A Passion for Leadership

与公共机关有关的众多利益相关者中，地方学校董事会，市、县委员会成员，州议会，国会等民选监督机构最重要。

不管个人有什么样的感觉和态度，领导者必须投入必要时间发展同民选官员之间的积极关系，并加强个人纪律约束以避免造成对立和敌意。在阻碍和破坏领导者的工作努力方面，他们的能量是不可想象的。简而言之，得不到民选监督官员的支持，公共机构的领导者无法取得改革事业的成功。

突破点就是与高级立法领导者，特别是那些与你有直接监督职责的领导者建立积极的关系。担任中央情报局局长期间，我首创了两周一次的同参众两院情报委员会委员会面的机制，让他们及时了解我们开展的每一项工作以及与情报行动有关的所有问题，以一种前所未有的广度与深度同他们进行交流。这极大地加强了他们对我的信任。

与立法机关的其他领导者搞好关系同样会让你以你意想不到的方式大获裨益。担任中央情报局局长期间，我曾经一对一单独拜访过参议院拨款委员会主席罗伯特·伯德、众议院银行委员会主席亨利·冈萨雷斯、众议院司法委员会主席杰克·布鲁克斯等资深国会议员。尽管他们并不直接领导情报监督委员会，他们对与情报系统密切相关事务的影响力却不可小觑。多年以来，布鲁克斯和冈萨雷斯一直想让我的前任们前往他们领导的委员会接受质询，但却和我达成口头协议，限定我作证的范围。我同意出席他们的质询会，这为我后来在国会山获得加分变得非常容易。布鲁克斯甚至还送给我他妻子亲手烘焙的巧克力饼干。

1992 年初，我刚担任中央情报局局长不久，《华盛顿邮报》刊发了一篇社论，指责伯德强迫中央情报局在西弗吉尼亚修建一处造价数十亿美元的物流设施。据该报报道，这只是伯德利用其作为参议院拨款委员会主席的职务为其家乡争取更多“猪肉”的一个例子而已。现在，说到用联邦政府的钱为自己家乡所在州办事对于伯德来说，他的确是一个“猪肉之王”。但就此事件而言，这确实是一个罕见的例外；当初中央情报局向他寻求支持并告诉他，他们希望这处物流设施能够选址于西弗吉尼亚州，考虑到只有这样中央情报局才能够获得该项工程的资金支持。该篇社论见报后，我打电话给伯德并主动提出由我为《华盛顿邮报》编辑写一封信澄清一下事实。电话线那头沉默了许久，他终于开口了："你真的愿意为我这么做吗？"我说我愿意。在我的澄清信见报之后，伯德对我感激不尽。其他参议员告诉我，他后来经常对国会其他同事提起我："中央情报局的盖茨先生是一位值得敬重的人。"这么一个小小的姿态使得伯德成了我但任中央情报局局长以及国防部部长的 15 年间我在国会山上的朋友和私人盟友，尽管他在出兵伊拉克问题上，特别是在 2007 年增兵问题上持坚决的反对态度。

行政机关官员很少能够与国会山这三位手握重权的老狮子搞好关系，虽然我花费了时间，但我不止一次地大获裨益。

当然给予重要政治家和立法者合法、恰当的特别支持也是非常值得的。担任中央情报局局长期间，我为参议院情报委员会主席戴维·博伦在俄克拉荷马州他家乡的牛仔名人堂举办过一次活动。同样，担任中央情报局局长期间，我还答应前往阿拉斯加费尔班克斯出席该委员会副主席弗兰克·穆尔科斯基的特别听证会。当时恰逢夏季，我正好在太平洋西北地区的家乡度假，所以利用这个便利为他的家乡做一点支持也绝对是一个值得的投资。有一次我恰好要与印第安纳州的民主党众议员李·汉密尔顿共同出席一个演讲活动，因此我主动邀请他与我一起搭乘中央情报局的飞机前往目的地。这次出行是信息传达错误的一个典型案例。印第安纳大学属于汉密尔顿的国会选区，而且我也在那里获得了我的硕士学位。但是当飞机在朝北飞离华盛顿特区之后，我俩才发现我们竟然不约而同地接受了宾夕法尼亚州印第安纳大学的邀请函。任何时候，高级领导人前往议员所在选区演讲或者帮助提升他的形象，都可以让他获得更广泛的支持。

与州议会的关键人物建立特别关系对于任何公立大学或任何地方或州属企业的领导者来说应该是不费吹灰之力的事情。得克萨斯农工大学一直以来没有给予州参议员史蒂夫·奥格登足够的重视，他在州议会不仅代表得克萨斯农工大学所在地区，而且还是得克萨斯州参议院财经委员会主席，他是一个非常有分量的监督官员。因此，在我还没有到得克萨斯农工大学上任之前，我就打电话给他，因为我刚到得克萨斯州，所以希望邀请他担任我的立法事务顾问。我没有“讨价还价”，我觉得我这样的邀请更容易让他接受。他非常聪明也非常具有影响力，而且我们之间后来建立了非常友好的关系，这为我担任得克萨斯农工大学校长期间为学校提供了许多便利。我还轻而易举地同得克萨斯州参议院高等教育委员会的领导人建立了密切的私人关系。

我还获得了得克萨斯州参议院另一位参议员、非洲裔美国人罗伊斯·韦斯特的大力支持，他是达拉斯地区一个大区的选民代表。就在我上任得克萨斯农工大学校长的第一周，他就打电话要求我就该校“未能与少数族裔充分开办企业”的糟糕历史记录前往奥斯汀出席一个听证会。我告诉他我会修订我们的业务合同规范，并在一个月内展示我们的重大成果。我的信守承诺深深地打动了他，而且当我宣布提高校园师生族裔多元化的非正统改革方案之后，他成了我最强有力的后盾之一。

当我以得克萨斯农工大学校长的身份到得克萨斯州各地出差时，我都会邀请当地的州议员以及其他地方领导人出席学校主办的各项活动。担任该校校长期间，我还同意邀请具有传奇色彩的得克萨斯州前州长多尔夫·布里斯科前往其家乡尤瓦尔迪给新一批鹰童军发表一次演讲，他是民主党人，也是得克萨斯农工大学忠实的校友。

在我的《职责》一书中，我对国会的评价使用了非常具有批评性的词汇，直言不讳地表达了我对国会乱作为或不作为的厌恶与反感。然而，我想绝大多数参议员和众议员会为我的表达大为吃惊，因为担任国防部部长期间我居然能够如此努力地隐忍我的真实感受，而且事实上，作为国防部部长我与国会的合作还是非常成功的。在他们眼里我为人亲切和蔼、礼貌友善、真诚坦率、有求必应、宽容大度。为了从国会那里获得我所需要的东西，希望他们满足我的需求，我只能这样表现。因而我与国会领导人及其 4 个对国防部拥有直接管辖权的委员会（参众两院的军事委员会和拨款委员会）之间建立了不同寻常、富有成效的工作关系。我的前任国防部部长间接地帮了我一个大忙，不管是否公平，他被认为公然藐视和无视国会两党议员，而且他们非常乐见他下台。所以，不可否认，我需要扫清的障碍相对就小多了，最起码上任之初是这样的。

担任国防部部长期间，我会常规性地前往国会议员们的办公室拜访他们，在那里，他们通常会拍下我欢迎他们家乡一些选民的照片。需要指出的是，他们绝大多数人招待我的咖啡质量都非常差。

不管民选监督机构是镇议会、市议会、州议会，还是国会，谈到尊重和宽容，我认为公共机关的领导者最好都应当听我一言，按照我的方法去做。因为一旦嗅到你身上傲慢自大的气味，这些监督机构会让你的领导生涯痛不欲生。他们不仅掌握你的财源，而且还可以让你无休止地出席各种听证会，削减你的经费预算，拖延对你的任命，公开批评你，以及其他更多类似的报复行为。要记住，《日内瓦公约》对被激怒的议员或其他民选官员可以如何对待公共机关不合作、大不敬的领导者还没有做出相关规范。

几乎任何级别的政府中都有令议员们颇感兴趣的人、地方，以及活动，他们迫切地想要认识、参观，或者体验。因此，领导者可以与他们搞好关系的机会俯拾皆是。对于领导者来说，最好的办法就是利用休会期间邀请议员们前往自己的地盘，这样时间充足且不会被打扰，而且领导者无须向他们提出任何请求。正如某前国务卿在谈到常规外交时所说的，这叫作“园艺学”。千万不要将关于肥料的这种玩笑话放在心上。

当然，所有这种政治攻关活动都是非常令人反感的。但重视关键议员，与他们建立良好的关系，在听证会之外多花费时间在他们身上，多向他们表达尊重，在他们的选民面前给予他们足够的面子，这些都是会为你带来多方面回报的重要投资。这些投资可以为你获得更多的资金支持或者避免麻烦。领导者应当在适当的场合以适当的方式同重要议员的关键工作人员发展良好的关系。他们的影响力有时候绝对不可小觑，而且与他们的老板一样，他们也喜欢被尊重。应当视这种关系的建立为买保险；它不会带给你立竿见影的价值，但是将来必有回报。

在处理与民选官员的关系时，不管你是公共机关还是私营企业的领导者，有一些禁忌是绝对不能碰触的。永远不要欺骗或误导他们。永远不要让他们在同僚面前或者公共场合难堪。永远不要对你做不到的事情做出承诺。在听证会上，领导者永远不能对询问者有不尊重或者冒犯的言行，无论民选询问者可能有多么令人抓狂。永远不要在公开场合批评他们，除非你即将离任或者已经离开领导岗位且不希望继续担任其他领导职务。领导者永远不能置他们于存在有损道德可能的境地，诸如免费门票之类的行为；犯此错误，立法者自身自有不可推卸的责任，但他不会忘记陷他于不义的人是你。还有一件事情：领导者永远不要忘记选民推选这些立法者就是要为他们服务的。他们是选民的代表，而且，仅就这个原因，领导者必须保证尊重和顺从，尽管有些时候做到这一点确实非常困难。

私营企业领域的领导者也可以从上述建议中获益。这些禁忌当然是适用的，如果你与国会、州议会，或者地方议会之间不存在任何关联而且对他们也无欲无求，这些建议对于你与他们建立关系依然需要遵守。在涉及提供免费乘机、礼物等诸如此类的事情时，私营企业的领导者应当尤其谨慎，但是邀请他们参加公司主办的地方慈善活动、庆典、差旅，以及简报会等活动都是对他们公关并建立关系的大好机会。

美国成熟产业的领导者早就认识到与各级政府的立法机构发展亲密关系的迫切需要。成千上万私营企业的行业协会与立法机构建立关系的一个主要目的就是希望推动立法有利于各自的行业并防止有害其发展的事件发生。一些说客和政务公关专门从事促成私营企业领导者与立法机构建立关系，并防止企业的 CEO 被拖进听证会从而成为代罪羔羊。诸如科技与互联网之类的新兴企业长期以来认为他们完全可以无视政策与政客，并且一心只想强力改变世界。他们逐渐意识到立法者同样可以带给他们重重困难，从而加入到与他们的知名对手从各州首府及华盛顿雇用大量公关代表的竞争大战之中。我对所有大型企业领导者的建议是在这一过程中尽可能亲力亲为，花费时间与关键立法者建立亲密的私人关系，特别是在你需要寻求他们的帮助之前，而且要确保你的副手或工作人员在同立法者打交道时严格遵守我前面提到的“务必”和“禁忌”。

对所有领导者，特别是商务领域领导者的一个教训：看在上帝的分上，如果被传唤前往某个民选监督机构出席听证，务必保持谦虚、诚实、谦卑和坦率的态度。请注意你所出席的听证会的政治和公共环境。要记住你为什么出现在那里。如果你想寻求一项数十亿美元的纾困资金，那么请驾驶轿车或者搭乘巴士前往华盛顿，千万不要像 2009 年汽车业高管一样开一大堆公司商务专机前去哭穷。国会斗兽场的那些狮子那天可是美美地享受了一顿。这是一个无知到极点的例子，但是不管面对镇议会、州议会，还是国会，企业和公共机关领导者都必须尊重常识并且根据所面对的具体情况恰当行事。正如军方经常说的，面对民选监督机构，领导者需要最小化他的目标轮廓。

与民选监督官员打交道，不是为了闹心或者纯洁心灵。必须记住最重要的一点，能够如愿从立法者那里悉数获得自己所需的领导者实为凤毛麟角。在同民选监督官员的每一次互动中，领导者都希望是一次事务性的谈判，而且在出发之前，他就需要明确自己的优先目标，他准备做出什么样的让步，什么样的条件是可以接受的。如果领导者坚信自己要求的正当性且不准备妥协，如果他的目标要么是尽如所愿要么一无所获，那么他注定会空手而归。优秀的领导者总会提前想清楚他能够接受的最后底线是什么，无论是关于预算还是实施某项新任务的权力，抑或反对立法机构对行政权力的干涉。在与国会打交道方面，罗纳德·里根总统实际上常常被认为是一个伟大的理论高手。每次只要能够实现 60%的目标，他就会心满意足地成交，以后再继续实现剩余 40%的愿望。

只有在极少数情况下，某个问题涉及公共机构领导者的个人品德或形象等关键利益，已经退无可退，那他只能通过宣布辞职以实现该问题的圆满解决。必须注意的是所涉及的问题要非常重大且公众和媒体都站在你的一边，而且涉及此事的政客们会看到你的辞职将对他们个人产生重大影响。这是一着险棋，因为立法者很有可能根本不在乎一个领导者的去留问题。领导者的离职可能只有被他们视为重大政治成本时才具有威胁性。以辞职作为威胁的这张牌通常只能有效地打一次，而且如果事情的解决最终并未能如领导者所愿，他必须毅然履约辞职。若不这样做，领导者在今后的工作中必将孤立无援，一事无成。

在同民选监督官员打交道的过程中，领导者可以通过与其他人，特别是被视为竞争对手却有共同利益的人结盟以壮大自己的实力。担任得克萨斯农工大学校长期间，我与得克萨斯大学奥斯汀分校校长为同一个问题共同努力或出席听证会的行为总会让州议员吃惊不已。在担任中央情报局局长和国防部部长期间，我经常与国务院其他高官一起出席听证会并总是得到他们的帮助。立法者因为各部门之间缺乏合作或者各个机构为了部门利益争吵不休而倍感疲惫。当一个重要机构的领导者公开为另一个机构的利益辩护时，政客们自然会倍感欣慰。作为国防部部长，我在 2007 年 11 月的一次演讲中要求国会大力提高国务院和美国国际开发署资源的呼吁不仅在当时引起极大的反响，甚至多年后，还一直在国会中传为佳话。在同立法机构打交道的过程中，领导者可以通过帮助其他人使得自己的问题得以圆满解决。这种甚是难得的“宽广的胸襟”，如果不出意外，定会产生意想不到的积极效果。

我主要介绍了我认为公共机构领导者如何让立法者心甘情愿地满足领导者愿望的一些技巧，当然这些愿望更多情况下总是与钱有关。在同民选监督官员打交道的过程中，领导者也会遇到另外一种挑战：一些看似为民请命实则对领导者所追求的事业具有极大破坏性、与良好的管理实践相背离，或者纯粹就是愚蠢不堪的草率立法思想。国会那些自封的专家在不止一次地极力推荐某些根本不实用的特定武器系统或不切实际的采购程序改革建议。阻止这些提议获得支持或可能的成功有时候是非常复杂艰难的。我处理过太多这类的事情，对情报行动多余且不切实际的限制，购买某种类型设备的指导，立法权侵犯行政权的微管理行为等。狙击糟糕的立法通常与争取好的议案获得通过一样重要。

在阻止令人讨厌的法律制定时，其他议员通常会是你最坚强的盟友。立法机构有无数可以让糟糕的点子胎死腹中的方法，而且如果你愿意花费时间向议会领导人以及各种委员会主席解释这种议案的负面影响，那些领导人通常会想方设法将这些议案束之高阁，使之进入被遗忘的程序。这种方法对于低调不起眼的议案尤其有效，但是关注度越高的议案处理难度越大。议员们通常都不愿意做让自己的同僚们感到难堪的事情，所以这种策略应当慎用。需要提醒的是：领导者在此之前就必须与立法机构领导者们建立良好的关系并取得他们的信任，这样他们才愿意认真考虑你的忧虑。

有些时候，一些糟糕的议案会按部就班地进入立法程序。领导者就需要同自己在立法机构的盟友共同对该议案提出修正建议，从而消除其危害性或者使其处于可控状态。交由行政自由裁量来决定该法律的实施在某种程度上也是阉割该权利的一种办法。如果条件允许，提交议会审议通过的法律议案足够重大并令人反感，领导者可以求助于媒体、社论专栏，邀请时事分析评论员公开发表反对文章，糟糕的法律通常都是不言自明的。

与民选官员打交道是非常困难的。他们通常对自己监管的机构或试图规范的行业并不了解，而且他们优先考虑的事情通常与任何官员都不一致，他们最主要考虑的是如何确保获得连任或者继续步步高升。可能在他们看来，受他们监管的机构只是永不结束的棋盘上他们寻求政治资源的一个小卒子，或者是他们追求其他更重要利益的一个竞争者。为了实现改革目标，领导者必须玩好立法这个游戏。

即便领导者受不了政客们的嘴脸，无论如何他必须得与他们接触并强颜欢笑，因为没有他们的支持，任何公共机构的领导者都无法取得任何成功。

A Passion for Leadership

像对待议员一样对待监督委员会和监管者，因为他们有时候对你的工作具有更加直接的控制或约束权力。

想要取得改革成功的领导者必须赢得监管机构的支持，或者至少得到他们的默许。一旦让他们增加了对你的敌意，你不仅很快发现你根本不可能实现改革目标，而且你连工作也会丢掉。如果找不到与这些监管人员和平相处的办法，那领导者只有辞职走人。

公共机构领导者必须向政府任命的相关监督委员会报告各种各样的琐碎杂事。各个级别的政府都有各种监督委员会。针对私营企业，各层级政府也都设有一系列监督委员会，更不用说公司自己的董事会。担任中央情报局局长期间，除了国会，我还要向总统的国外谍报咨询委员会、谍报监视委员会，以及其他由总统或国会因某种特殊目的设立的各种临设委员会报告。担任得克萨斯农工大学校长期间，我需要向经由州长任命、获得州议会确认通过的 9 人团体学校董事会、地方性认证委员会、得克萨斯州高等教育协调委员会，以及其他我忍耐了好久的监督委员会。担任国防部部长期间实际上是我头顶监督机构最少的时候，只有两个顾问组和偶尔由总统或国会任命的一些临设调查或评估小组。

政府任命的各种监督委员会成员在素质上差异甚大、良莠不齐。正如之前所提到的，我在得克萨斯农工大学的四年半时间里遇到的董事会成员有些的确是聪明智慧、学识渊博、严于律已、无私奉献，且极具建设性。还有一些则是政治游戏高手；或是骄傲自大、粗鲁无礼、恃强凌弱；或是对高等教育一无所知；或是懦弱无为；或是道德品行无下限。有一次，一名董事会成员以州长佩里的名义打电话压我，要求我任命州长的一位朋友担任学校主管学生工作的副校长。在我看来，这是一个纯粹的、非常不合适的人事任免建议。我告诉他一个面向学校教师、学生、行政人员、校友及其他利益相关人员的正式任命考察在有条不紊地进行之中，而且我不会绕开这一任命程序。我告诉他如果州长先生希望推荐其朋友担任副校长的愿望真的如此强烈，他就应当以亲笔签名信的方式将其朋友的简历送给我，我会将这些材料悉数提交考察委员会并鼓励他们给予这位候选人公正、平等的考察。但他一直都没有这样做。考察委员会最终推荐，并经我认命，由一名专业素质过硬的人担任此职务。就在接下来的一次会议上，董事会改变了考察任命规则，这样，他们在将来就可以通过所有类似的任命，而且这样也就能对州长的任命建议做出回应。顺便提一下，我任命的主管学生工作的那位副校长工作异常出色、成功而且非常受学生欢迎，但不幸的是在我离开该校担任国防部部长不久之后，他就突然遭到解职。州长先生的那位朋友如愿顶替了他的位子。

实际上在过去几十年的职业生涯中，与我打过交道的所有董事会无不具有这种无所不及的特点与缺陷。这也普遍适用于地方层面的各种董事会。

与同立法机构打交道一样，公共机构的领导者必须花费时间处理好与这些政府任命的监管委员会的关系。有些委员会，例如大学董事会，对于领导者报告的自己想要开展的事项具有极大的控制权。他们的控制权是常规性的，而且延伸到了日常事务的运行：组织中没有任何事物不在他们的监管范围之内。相对于立法机构，他们具有更大的侵犯性，而且能够有效阻止他们干涉领导者行政的策略则少之又少。同样，政府任命的监管委员会可以为私营企业制造巨大麻烦。明智的领导者必须与他们建立良好的关系。释放善意以及回旋余地，发展私人关系，及时与监管者保持信息沟通，透明，诚实，让你的最佳专业人士与监管人员保持联系。认真听取他们的声音。

在聆听方面，前中央情报局局长威廉·凯西教给我一个非常重要的经验，我觉得这个经验特别适用于这种监管委员会以及其他各种广泛的委员会。他告诉我，绝大多数人在听一个人说话时如果对他/他所讲的部分内容不同意，他们就会否决他所说的一切。威廉建议我在听别人说话时不要纠结于我持有不同观点的部分内容，而是看看有没有一两个值得利用的核心观点或智慧，从一大堆麦糠中寻找几颗麦粒。因为有些人说的话 95%是胡说八道，他可能会满嘴废话或者笑话，但这并不意味着你就可以忽视他所说的有用的那 5%。他经常送我一些小册子或者书籍让我阅读，并且会提醒我：“这家伙是个疯子，但是第×页的一个观点非常有意思。”这个原则同样适用于立法者和政府任命的监管委员会。理解监管者的想法将有助于领导者同这些人建立融洽的关系，同时还能够证明他实际上非常重视他们，天晓得，而且这可能是一个很棒的想法。

A Passion for Leadership

改革领导者应该让媒体成为自己向员工传递信息的工具和向公众表达自己奋斗目标的渠道。

领导者一定不能有“利用”媒体的想法，这点伎俩很容易被他们识破且徒增他们的反感，而应当通过公开、透明和坦率的方法让他们理解你正在推进的改革及其必要性。这一点既适用于地方社区的期刊，也适用于全国性电视网络。

不管是公共机构还是私营企业，主流观念里总是将媒体视作敌对势力。我的观点恰好相反。甫一上任国防部部长，我就告诉高级军官和文职官员，甚至士官和军事院校的预备军官，“媒体不是我们的敌人，那样看待他们只会弄巧成拙”。优秀的新闻报道让我及时了解国防部及战场上的各种问题，否则我永远也无从获悉。因此，每一次我都会公开赞扬媒体。

我曾经建议国防部高级官员，当有媒体记者打电话到他们的办公室就某个事件或问题进行求证或采访时，他们不应该产生一种防御性反应或者立刻予以否认。他们首先应当亲自去了解记者所关注的指控或事件的真实性。他们应当去了解事实。如果最终发现事情是真实的，我会敦促他们公开承认并说明他们打算如何补救或应对所犯错误或面临的局势。如果调查结果发现媒体所指纯属空穴来风，他们应当拿出证明自己观点的证据，并非简单地立即予以否认。这个建议对于私营企业领域的领导者也大有裨益。

人们常说，记者的一个电话，通常不到一小时就可以让一个组织陷入紧张混乱的防御局面。当然，通常情况下他们的恐惧并非没有原因。即便在国家层面和诸如五角大楼、国务院等这样的最高级别的行政机构，除了御用专业记者团队外，其他记者越来越难以深入了解到他们的工作日常。随着问题变得日益复杂，公共官僚机构和私营企业机构都非常关切媒体关于他们工作报道的质量。担任富达共同基金独立董事期间，我发现媒体记者，甚至是那些专注于商务和财经报道的记者，对基金产业相关知识的无知程度令我震惊不已。不排除有些情况下是因为个别记者或媒体机构对某些行业带有敌意性偏见，但绝大多数情况下，问题的关键在于记者的技术，即他是否能够获得正确的事实。政府机关或者企业机关提供“情况说明表”的行为让媒体记者大感不快，但是现实是没有这些情况说明表，要想得到某些具体问题的翔实数据和事实对他们来说又无疑是一种挑战。同样，领导者一定要确定自己提供的情况说明表的准确性、全面性，以及简洁性；但现实是有太多的领导者提供的情况说明表具有高度的选择性、误导性，甚至是错误的。在地方，即便亲自出席了学校董事会的人往往都无法确定当地报纸第二天的报道中哪一篇新闻是关于此次会议的报道。当有记者问我他/她是否可以对我的采访进行录音时，我的回应通常是“您请便”。

其次，偏见的问题的确是不可否认的。实际上没有哪一家有线电视台或哪一个博客被认为是秉公持正的，而且许多评论家和读者对全国网络媒体和报纸的观点亦是如此。我猜想，从某种程度上应归咎于日趋严重的人们只愿意评论或阅读自己认同的资源的倾向。公共机构和私营企业的领导者关切媒体是否对自己的言行进行准确友好的报道确也无可厚非。

所有这一切都是因为但凡是比夫妻店稍微大一点的机构都普遍设有公共事务和媒体办公室。尽管我希望我可以说他们的目的仅仅是为了让自己的机构获得媒体公正地对待，现实却是，他们所有努力的最主要方向在于推动媒体能够对自己的机构、部门，或者公司及其老板的一切行为“编制”一些尽可能有利的报道。他们都是撒谎吹牛、推诿扯皮的专家，将机构内的问题嫁祸于机构外部的各种因素，提供一些空洞无物、没有实质性意义的谈话要点，为了获得记者有利的报道，刻意与记者拉关系、套近乎。通常情况下，这些人缺乏完成这些任务所需的经历、智力，或者灵性，因而其结果往往总是事与愿违。有些机构纯粹就是彻头彻尾的撒谎。因而就形成了恶性循环。官僚机构希望得到媒体有利的对待，但是在一些错误行为或事件中又逃避承担应有的责任或承认错误。对于他们的领导者来说尤其是这样，他们通常寻求更上层楼，不想自己的档案上留下污点。记者对于官僚机构跟自己玩这种把戏自然非常不满。

许多公司，无论大小、公私，都觉得自己不是政府机构，他们因而没有必要和义务同媒体打交道或者向公众解释自己。持这种观点的公司一般都会在某种程度上付出代价：立法与自己的利益相关且存在差异，不利于公司利益的地方政府或规范性裁决，或者，最常见的，即便不是敌视性也是怀疑性的媒体报道等。

在过去几十年的职业生涯中，媒体当然有许多关于我的报道，有些是言辞激烈的批评，有些是不吝言辞的赞扬。我知道我更喜欢哪一种报道。任何人，即便是阅历丰富的老手，如果他说自己对有关的负面新闻报道根本不为所动，这不仅别人不相信，就连他自己也不会相信。媒体关于我在前述三家机构中的言行报道绝大多数都是相当积极正面的。我觉得其中的有些经验教训是值得所有公共机关和私营领域的领导者学习、参考的。我主动接近媒体是基于一个不争的客观事实：对于身处领导者职位的人来说，媒体通常是一个非常重要的因素。希望他们远离你是一种不切实际的愚蠢想法。视他们如仇敌或者抱着一种草木皆兵的心态最终只会伤害到你自己，想想理查德·尼克松。你需要跟他们打交道。当你必须与公众沟通自己的行动、想法以及改革意图时，媒体可以成为你能够利用的最佳工具。绝大多数高级官员视媒体为一种不利因素和威胁；但我认为他们同样也可以成为一种资产，特别是对于改革议程来说。作为改革型领导者，应当充分利用和发挥一切自己可以调配的资源优势。

特别是在冷战结束之初，正如我之前提到的，我觉得我们中央情报局对待媒体和公众的态度和胸襟比以往开放了许多，我们经常就新时期中央情报局的工作内容以及收集和分析情报工作的重要性等问题与媒体进行积极互动。在与苏联的冷战冲突中，公众对我们这样一个秘密机构以及我们的周期性错误忍受了 45 年，但我认为公众更为怀疑的是，在我们的主要对手已然解体的情况下，是否有必要继续保留中央情报局这么一个组织。因此，我采取了之前所述的策略，向公众揭开了中央情报局的神秘面纱，向公众开放情报行动和分析历史记录，以及让民众理解中央情报局将如何继续为国家安全服务。显著提高媒体对中央情报局的可及性对于实现我的改革目标具有极端重要的意义。通过他们，我们可以让美国民众了解我们在国家安全中的作用，从而获得他们的支持，或者至少能够得到他们的忍耐。

在实现我的国防部改革目标的过程中，媒体同样发挥了核心作用。通过对国会听证以及新闻发布会的报道，媒体向公众详细介绍了我们在伊拉克和阿富汗战场上的战略、策略，我们在战场上取得了什么样的成果，以及在不伤害我们更广泛的全球利益的情况下撤出两个战场的必要性等。2009 年，在对外宣布重大采购项目削减计划之后，我就是依靠媒体报道形成积极的公众反响从而迫使国会支持我的重大削减计划。同时，我希望媒体关于我们为受伤士兵以及仍然鏖战疆场的其他士兵所做的努力的报道能够让士兵及其家属都能够得到更加全面的保障。

在解决五角大楼以及其他任何我担任领导人的机构的一些重大问题时，我无一不是依赖媒体对我重要演讲的报道向社会上更多的公众阐述我们关于势在必行或者已在开展的改革的理念和信息。我希望公众知道我想要做什么，而且我采用这种透明性不仅是为了确保公众的知情权，更是为了形成一种积极的外部支持氛围，从而可以让内部的反对者变得难以发声。致力于提高官僚机构工作能效并积极回应公众关切的媒体战略很有可能产生积极的媒体报道，这对内有助于领导者更好地开展工作，对外确保了利益相关者的权益。在大型官僚机构，员工在会场上对领导者的讲话只能频频点头，诺诺连声，然后一如既往地做着以前的事情。如果一个领导者在公众场合发表关于自己组织日常工作的观点或者批评，无论如何机智圆滑，都意味着他是当真的，在向公众抖家丑。这就提高了所有相关人员的风险。

我多次这样做，包括 2007 年、2008 年处理许多涉及空军领导人的问题。当时空军领导层成了我工作的重中之重，现实战场的需求比未来的潜在冲突更为紧迫重要，但他们就是不能理解。2008 年 4 月，我在美国空军战争学院礼堂发表了一次演讲，在这次有媒体出席的讲话中，我提到要采取“虎口拔牙”的决心向战场调配空军的侦察设备，直接抛开了需要历时数周的冗长的会议讨论和简报。我这样做也向前线官兵及其家人传递了一个明确的信息：我是他们坚强的后盾。

媒体调查可能会产生一些问题，但他们同样也会让你及时发现你以前所不知道的一些问题或者抓住一些稍纵即逝的机会。正如前面提到的，正是《华盛顿邮报》的一个系列报道让我注意到了沃尔特·里德陆军医疗中心门诊伤兵护理丑闻。伤兵护理丑闻令人震惊不已，我们严肃而迅速的回应措施在获得媒体积极报道的同时，也唤起了公众对伤兵的关注。同样，如果不是《今日美国》的一篇报道，我也不会知道反地雷防伏击装甲车的性能。我听说向来以被动、防卫著称的五角大楼公共事务办公室居然在关于反地雷防伏击装甲车这篇文章刚发表后立即进入“快速反应”模式，对这篇文章进行反驳。《今日美国》提出的保护官兵的概念似乎忽视了一个非常重问题。在现实中，官僚机构极力阻挠这些救命装甲车辆进入战场服役，无论什么样的否认和推诿都改变不了这一点。

我希望与媒体打交道尽量简单方便。如果记者的交稿期限非常紧而领导者又没有足够时间对事实进行确认，就会有问题，新闻报道中就会有态度不明的领导者原话引用，这是谁也不愿意见到的结果。这会让公众感觉领导者的谈话空洞无物或者，更糟糕的是，他在推诿逃避。抑或记者根本不相信他，所以就根据自己的调查去完成一篇报道，其结果也许就是采访报道中根本就没有包含领导者本来应该说的话。有时记者撰写新闻报道时根本都不会与领导者进行沟通。所有这些事情的发生，都是不受领导者控制的。他只能竭尽所能地去解决。但是如果他放任形势发展到自己对媒体产生憎恨情绪或防卫心理，或者对其保持缄默，那他就是在犯错误。他将会一败涂地。

媒体是利益相关者。他们能够，也愿意在任何情况下对领导者实现改革目标的能力产生影响。正如老话所说："绝不要跟媒体的不实报道争论（或者，就当下而言，你根本无法控制无限的网络时长或数以百万计的网络文章）。"将媒体视为仇敌或者与他们对抗，的确会给他们造成障碍，但是领导者得到的结果会更糟。为了高效便捷，领导者必须通过利用媒体以推动自己的改革议程。与同其他利益相关者打交道一样，领导者必须坚持长期与媒体周旋，绝不能因为一两次不愉快的经历而改变态度。对媒体必须透明公开，坦诚布公。透明就是对待媒体的标准。就是要实言相告。在必要的时候，应当公开向媒体表达自己的感激之情。

立法机构、监督委员会和监管机构，以及媒体也许是最重要的三方利益相关者。为了取得改革成功，领导者必须花费时间去积极回应他们的诉求。但是需要领导者认真严肃对待的绝非仅仅他们几方。其他许多利益相关者对领导者来说同样小觑不得。

任何大型机构的领导者都必须同当地社区打交道。许多人都非常熟悉影响大学与所在社区关系的"城镇居民和大学师生"问题。其他大型机关也存在类似的挑战。对于任何大型组织的领导者来说，处理与当地社区复杂琐碎的关系是一件耗时费力且需要政治技巧的工作。如果某个机构坐落于一个中小规模的社区且为该社区最大的雇主之一，情况尤其如此。优秀的领导者必须尽量与社区保持友好关系，或者至少将敌意降到最小。

这对于地方企业与社区领导者或者大型组织与其所在城镇领导者来说都是一种挑战。随之而来的各种问题需要丰富的想象力，也是对领导者智慧的一种考验。因为，总体而言，当地人对大型组织的存在是一种爱恨交织的心理。

一方面，他们需要这种大型机构：因为这种机构通常是当地民众的经济命脉，有时候甚至是某个社区或城镇唯一的经济命脉。这种大型机构也是社区或城镇的主要慈善和帮助来源，而且其员工通常与社区有千丝万缕的关系。

另一方面，当地居民视这种大型机构的存在为他们日常生活中的重要困扰。这些大型企业、州或者联邦政府机构、大学，或者军事设施造成了当地的交通拥堵；不向当地缴纳财产税，或者即便企业缴税，但税额可以说微乎其微；造成环境问题；举止“傲慢”“神秘”，而且对当地问题“视而不见”；员工的薪水工资“扭曲”了当地的房地产市场。如果这种机构是一所规模在 4200 多人的两年制或四年制美国高校，其所在的社区中通常会有成千上万年龄在 18 岁到 25 岁的青年。他们随意停放车辆，根本不在乎自己租借房屋的内外环境，崇尚喧嚣的音乐，开起车来就像是在参加全国运动汽车竞赛协会的比赛，他们通常饮用大量烈性酒，特别是在周末。他们有时候也会参加一些社交活动，这让他们那些年龄较长、更加沉稳的邻居感到不合适且具有冒犯性，尤其是这些活动是在他们的灌木丛或者草坪上举行。另外，这些教育机构想要从当地社区或城镇获得什么利益的时候总喜欢耀武扬威，例如想要开发与当地企业竞争的商业地产或者校外住房，或者参与其他一些活动，这在当地居民看来是一种掠夺和傲慢的行为。

如果这种重要机构是一家军事设施，机构中 18 岁到 25 岁的青年可以将整个社区或者城镇变为娱乐场所。会有战机和直升机整天低空盘旋，或者限制进入民众最钟爱的狩猎场，以及环境和其他问题。反对核武器或其他一切形式的武器和反对一切驻军的人士将不断提出抗议。担任国防部部长期间，我经常会收到各种军事机构与驻地附近居民之间的争端简报。

对于社区利益相关者的有关问题做一个比较肤浅的概述，目的就是提醒领导者他们确实具有一定影响力，而且忽视他们可能会给领导者带来无尽的麻烦。另一方面，在同州议会或者国会打交道时他们可以成为你非常有用的资产。企业或政府领导者通过各种方式赢得社区各地方官员的支持，例如多花费时间在他们身上，确保透明度，认真考虑他们的关切并做出建设性的积极回应。领导者必须积极寻求机会，让社区及其领导者参与自己机构主办的各种活动之中。同样，他和他的高级同事也应当积极融入社区。出席社区或地方的商会、公民团体等各种组织的会议、聚会等引起他们的注意，积极支持当地的慈善事业、少年棒球联赛，等等。作为社区最大雇主的领导者对社区的尊重姿态最终会给领导者的改革带来不菲的回报。

我与工会打交道或谈判的机会非常有限，尽管有些人会将这种标签贴在大学教师身上，但是通过从安全距离的观察，在我看来地方或包括大学领导者在内的州政府机构领导者与工会之间的冲突，除了公共教师工会，似乎都是因为薪酬、利益，以及工作安全等问题。许多

市和州政府过去多年中在上述各方面对雇员做出了非常慷慨的承诺，特别是在养老金方面，所以现在成了难以为继的严重财政负担。

改革型领导者应当将工会视为必须考虑的利益相关者。领导者应当考虑什么样的改革举措才能够与薪酬和利益等热点问题分开处理，单独改革。他必须阐明能够改进能效、提高效率的改革可以如何节省开支并获得公众支持，从而可以增强职业安全。如果裁减员工势在必行，正如之前所述，领导者必须尽量使这一过程人性、透明，并且更加温和。我知道，这些听起来确实非常理性、明智，但是在现实情境中，这往往是最稀缺的两种品质。领导者越是能够坦诚以待，让工会领导者成为机构改革的参与者，他成功的机会就会越大。正如未来绝大多数改革领导者会深切地体会到的，工会必将成为一个无法回避的客观事实。他们将无法被忽视。领导者必须考虑如何与他们合作。与同其他所有利益相关者打交道一样，领导者必须说服他们建设性改革和改进工作效率与他们的切身利益无不相关是非常重要的。

还有两个绝大多数领导者一般不会碰到的利益相关者群体，但是对几乎所有高等教育机构或者军队领导者具有至关重要的意义。我所指的这两类利益相关者是校友和退伍军人。

没有哪所大学或学院的领导者能够忽视校友。绝大多数领导者，特别是非高校领导者，根本无法理解这一类人究竟有多么重要。许多业已离开校园的毕业生仍然牵挂着母校一点一滴的变化。发展同校友的关系可能费时费力而且有时候的确令人烦躁，但是所有的努力都是值得的。

领导者向他们承诺要将本来就很优秀的大学建设得更加出色，在实现这一目标的过程中，他就会对学校的传统和文化充满敬畏，而且即便他并不计划在这片神圣的土地上开展什么活动，他也会获益匪浅。

随着政府对公立高等院校财政支持力度的持续下降，校友及其经济捐赠的重要性也在与日俱增。他们比以往任何时候都更重要。但是他们对自己时间和资源的贡献是有条件的：在大学各项活动中有更大的发言权，运动会、学术项目、管理、政策，甚至与师生有关的各项问题。如果领导者制定了一套雄心勃勃的改革议程，他将会听到许多来自校友的声音，既有积极支持，也有强烈反对。校友们会通过电子邮件、电话，以及直接前往领导者会客室就领导者拟推动的改革表达自己的意见建议，施加自己的影响力。为了防止领导者对自己的意见、声音充耳不闻，他们还会向大学董事会以及州议会施加影响力。

正如之前所述，直到 20 世纪 60 年代，得克萨斯农工大学还是一所生源全部为男性的军事院校，而且入学参训为强制兵役。尽管现役军人的人数在全校学生中占比不到 5%，学校备受推崇的传统几乎全都源自军团。军团依然被视为“这种精神的捍卫者”，这种精神的核心和灵魂就是成为农工大学的领头羊。得克萨斯农工大学年长的校友，特别是最具影响力的校友，都留在了该校。

2002 年我开始担任该校校长时，得克萨斯农工大学正经历人才招聘、学术能力，以及公众形象等诸多方面的严峻挑战。为了获得农工大学保守的年长教工对我这个外来者的大学改革方案给予必要的支持，我决定继承军团的精神和意志，成为学校最强有力的支持者，保户它，提高它的学术能力。因而，我几乎参加了学校所有的活动。我经常与学员一起在他们的食堂吃午餐。大清早我与他们一起跑步。更重要的是，为了能够与这些老农工人打成一片，我还成立了校长“监事会”，请他们就如何推动学校各项事业又好又快发展、如何提高学校对优秀人才的吸引力等向我建言献策。我选择了大约20名对学校感情非常强烈的校友加入监事会，并要求他们每人每年向学校捐赠20000美元，这些钱将全部用于学校招收更多新生。

监事会成员、有些非常有影响力和非常慷慨的校友后来成了我在该校最强有力的支持者，主要是因为他们看到了我是多么在乎这个军团。这些支持对于我后来解决诸如提高师生族裔多样化等极具争议的问题发挥了极其关键的积极作用。我对军团的热爱是毋庸置疑的，但是也帮助我实现了许多更加广泛的目标。

高等院校有一群非常独特、其他机构不会有的支持者及体育迷。任何大型公立高校的校长如果不能成为一名显性的体育运动支持者，确实会很麻烦。正如得克萨斯大学奥斯汀分校校长皮特·弗劳恩在他写给大学校长们的入门手册中写道：“如果您是一位体育发烧友，喜欢校际体育竞赛，那就更好了；如果您不是……装也得装出一副体育迷的样子。”2002年我初到得克萨斯农工大学时就发现学校的许多体育项目停摆瘫痪，但是体育设施都完好无损；只是没有被很好地利用，而且，最为重要的是，学校的足球运动亟须重振旗鼓。我到达该校的第一个秋季就换掉了足球教练，在足球赛季末，解雇了总教练。正如我对媒体所说过的，我在很微弱的争议声中推翻了几个中层的统治。无论如何，我让外界感受到我对体育运动是很认真的，从而获得了另外一大群人的支持。

对于绝大多数私营企业甚至公共机构来说，退伍军人通常不是重要的利益相关者。但是对于军务机构以及广泛意义上的国防部、中央情报局，以及其他相关机构来说他们却具有非常重大的影响力。最重要的当然是诸如退伍军人协会及海外作战退伍军人协会之类的各种退伍军人服务组织。正如时任众议院议长南希·佩洛西对我说过的，凡是涉及军队工资福利的问题，“我们应当重点考虑退伍军人服务组织的关切”，并非国防部部长的意见。

另外，每个军种都经营有各种对外私营组织，他们都密切监控着军队的健康运转，看他们是否公平公正地获得了他们应得的那一份财政预算，国防部部长对各军种会不会厚此薄彼，以及国会是不是会对自己高看一眼。这些团体有一个远比退伍军人更为广泛的基础，例如国防企业代表，与大学校友一样，他们在国会、国防部，以及退伍军人中间具有极大的影响力。他们拥有可以对事关自己兵种切身利益的决策予以大力褒扬或尽情贬斥的公开出版物。在对海军协会的一次演讲中，我提到应当重新考虑美国航空母舰的使用和部署的必要性问题。为了这件事情，我花了好几个月时间听取各方意见。同样，我花费相当的精力和时间说服退役陆军服务组织支持我取消该军旨在实现陆军现代化的未来战斗系统，该系统的核心装备采购价格奇高且不能有效保护官兵不受简易爆炸装置及其他威胁的伤害。按照一位退休将军的说法，我“彻底摧毁了美国陆军的未来”。同样，对于我要求 F-22 战斗机限产的决定，退役空军飞行员也夸大其词地指责我彻底摧毁了美军的空中优势。

甚至就连退休情报官员也有自己的组织。虽然这些组织远离政治纷争，他们依然会经常邀请现任情报高官出席自己的各种会议并发表讲话，而且一些与会个人也会借助这种场合表达自己的关切，并让媒体及立法人员听到自己的声音。

除了校友和退伍军人，公共机关和私营企业机关领导者还要同各种专业社团，以及其他诸如环保主义者等专注于某一议题的社会活动家搞好关系。这样，当领导者或者他的工作，抑或其所在的机构因为某些事情上了全国新闻，他们给予他的“帮助”将远比宣传部门、律师、专业组织，以及社会名流能够给予的要大得多。得克萨斯农工大学曾经为数百名躲避飓风丽塔的休斯敦居民开放了我们的篮球馆。接到一位老妇人的投诉后，我们的校警从一间女浴室驱赶了一个声称是变性人的男子。因为这件事情，我收到了许多人权组织的强烈抗议，基于此，我们为这一类人提供了单独设施。

所有利益相关者都是领导者改革议程的潜在支持者和帮助者，但也可能成为潜在的破坏者。每一类型的官僚机构，每一家组织，无论公私，都有其特有的大量利益相关者组织群体。无论这些群体之间的差异有多么巨大，最好的相处之道都是一样的：坦诚相待、公开透明、胸襟豁达、乐于倾听。尊重他们，认真回应他们的关切，而且，无论何时何地，尽力为他们排忧解难，并尽可能采纳他们一些合理的建议。这是优秀领导者的交友修盟之道。真正激怒利益相关者并让他们变成自己仇敌的是自己的傲慢与无视。在事关利益相关者方面，要遵守保护敌人的法律：尽量少犯。眼前看起来非常令人烦躁的事情，回过头来看总会给你带来不菲的回报。

7.

The Agent of Change: "Mirror, Mirror on the Wall"

改革代理人：“魔镜，魔镜，谁是变革最合适的人”

现在我们开始探讨成功实现机构改革目标的关键因素：领导者自己，潜在的单点故障。许多政府和企业高官通过描写自己作为领导者的经历以及自己的观察告诉读者如何做一名成功的领导者。但是美国大众文化对于什么有用什么没用有其自己独到而深刻的戏剧性洞察力。纽约洋基和纽约大都会棒球场传奇经理人卡西·史丹格尔将自己的成功归结为“让讨厌你的那些家伙远离那些对你还没有形成固定看法的人”。美国传奇橄榄球教练文斯·隆巴迪曾经警告他的团队：“如果你不点燃激情，你将被激情焚烧。”英国著名导演阿尔弗雷德·希区柯克曾写道：“成功没有任何秘诀，真的。只是恰好你有敏锐的眼光、敏捷的思维，加之果断的行事风格。”我关于如何成为一名成功领导者半开玩笑式的秘诀，应当归功于美国著名幽默大师、官场作家詹姆斯·伯伦的一句话：“掌权时，慎思；受挫时，授权；不确定时，敷衍。”

真正的领导艺术是一种稀有商品。请相信我，我知道。我为8位总统服务过，包括在白宫的4位时任总统，我还曾经观察或与14位国务卿、13位国防部部长、9位参谋长联席会议主席、14位总统国家安全顾问、10位中央情报局局长，以及更多我记不清多少位军队将领，以及驻外大使共事过。我认识数十位大学校长，并且在各种大大小小的公司董事会担任董事。我也有机会与包括玛格丽特·撒切尔、米哈伊尔·戈尔巴乔夫、安瓦尔·萨达特、弗拉基米尔·普京，以及伊扎克·拉宾等在内的世界各国元首以及伟大历史人物交流互动。要讨论他们这些人风格独特各异的领导艺术可能显得太轻率了。这里我想要重点讨论的是符合美国社会需要的领导艺术特色，既适用于我们各层级的政府改革需求，也适用于私营企业。

我前面讨论了成功的改革领导者应当具备的一些素质，诸如目标愿景、战略思维、重视实施、公正透明、以诚待人，以及处理与利益相关者之间关系的政治技巧等。但是我现在要讨论的不再是成功领导艺术的手段和策略等，而是我认为一个领导者想要有效实现长期改革目标必须具备的个人素质。真正的领导者是如何为人处世的？

最优秀的领导者是完美自我管控者。

他们授权给自己的属下，而且在取得成功后还会将大部分功劳归于他们并对他们不吝赞扬。在自己的属下享受荣誉、鲜花和掌声时，这种领导者有足够强大的力量和信心站在幕后。领导者的主要目标应该是完成工作，而非个人荣誉或自我满足。

1704 年，法国国王路易十四得知英国军队在德国西部布伦海姆打败他的军队后，据称他抱怨道："上帝怎么能这样对我，毕竟我为他做了那么多！"不幸的是，与路易十四一样，有太多的领导者把自己日常的本分工作看作在为其他所有人做好事。每件事情都与他们有关。自我中心主义是很容易被测出来的，而且通常一些小事情就能够让他们原形毕露。一点微不足道的不便就会让他们大为光火，些许鸡毛蒜皮的小事就能让他们大发雷霆，对别人的需求或感受漠不关心。曾经有人告诉我，内阁官员、将军、海军上将，以及公司行政高管会因为任何微不足道的疏漏或不快辱骂自己的下属或者大发雷霆，如餐桌上的面包屑没有收拾干净，餐盘里的芥末粉放错了位置，雨水打坏了他们的发型，服务员送错了瓶装水，冰镇水杯上凝结的水珠太多（确实是），马上就要出发了但租用的越野车还没有出现，或者他们的私人飞机因为天气原因晚点等。

担任国防部部长期间，我在一位四星海军上将的陪同下进行了一次秘密海外出访。执行军方贵宾及国会议员运送任务的空军机组人员对他们的老"客户"有一份个人菜单推荐表，但是我准备乘坐的飞机机长在临起飞前听说陪伴我的四星海军上将要与我同机出访时就崩溃了。很显然，他看到了四星海军上将拿出的一份有好几页纸的菜单推荐清单，包括饭菜、饮料，及其他物品，但是机长根本没有时间去满足他的这些要求，所以只能等着屁股上挨板子了。我告诉他别担心。

只要我的菜单备齐了，就无须担心海军上将的了，而且我的海外出行标准推荐菜单就只有两样东西，灰雁伏特加和配套的一片柠檬。无论如何，机长惊呆了。

自我中心主义者都是极度敏感的人。开会或吃饭时，与顶头上司的座位离得太远，或者同桌安排的其他人在他看来与自己的官阶身份不对称的低级别官员，都会令他们极度不爽。我亲眼目睹过一些真正的权力人物居然因为获悉没有被列入空军 1 号或国宴受邀贵宾名单而难以释怀者。多年以前，国务院有一位高官总是挖空心思想要参加各种有总统出席的场面，以至于特勤局开玩笑地说，每当他们看到白宫西翼地毯下面有什么东西在朝着椭圆形办公室蠕动时，他们就知道是他过来了，肯定就是这位人送雅号“雪貂”的官员。同样还是这位官员，据传如果哪次白宫举行国宴没有邀请他，特勤局将不得不仔细核验宴会服务员的身份，以确保他没有化装成服务员混进现场。

自我中心主义者待其属下如草芥。约瑟夫·波斯科在他的《罗斯福的百夫长》一书中写道，乔治·马歇尔将军不喜欢“争强好斗的性格，但他混淆了坚毅、力量与傲慢、无礼的区别”。尤利西斯·格兰特在他的回忆录中写道：“在我看来似乎的确如此，在我刚服兵役的那几年，我发现有许多长官在要求拍发电报时都会仔细研究一下下达什么样的命令才能够让自己的属下暴怒不已或者感到极度不爽。”他还写道，林肯的战争部部长埃德温·斯坦顿“根本不会考虑他人的感受”，而且“很不幸，乔治·米德将军是一个脾气非常暴躁的人，但是他还时不时地让他用粗鲁的方式给自己的高级幕僚团队讲话”。

非常不幸，19 世纪的不雅行为在 21 世纪的今天依然司空见惯。其后果不仅关涉士气和工作环境。自我中心主义者最不喜欢坦率，特别是有时他人的话里含有对老板有隐晦的批评甚至暗示他做的事情稍欠完美时。这种人直接扼杀人的创造力。如果别人想到一个绝妙的主意，自我中心主义者会立马否决掉，因为这是别人的，或者直接据为己有并向上级领导者邀功请赏。智慧的优秀人才会想方设法避免与这种人共事。属下们也不敢建言献策，因为担心自我中心主义者会指责他们擅做主张或擅自行动，更不用说万一出了什么差错。简而言之，自我中心主义者创造的环境最不利于成功实现改革目标。自我中心主义者必然是独裁者，这种领导者专断地确定改革方案并且拉大旗作虎皮，以上级领导者的命令蛮横地推行改革。这种改革通常保证不会成功。

狂妄自大是自我中心主义的孪生姊妹，而且我们每天都能够从新闻上看到飞扬跋扈的结果。我指的是公共机关和私人领域那些认为法律、制度是给别人的，与自己无关的那些高官。他们非常自信，认为自己的智慧绝对不会伸手被抓，或者，至少可以避免不当行为造成的后果。不管是总统撒谎或者违法，或者是州长、议员贪赃枉法，抑或大公司重要领导者因为欺诈、内部交易或者其他违法行为锒铛入狱或被迫辞职，狂妄自大是一切罪恶的根源。

你根本不必成为因狂妄自大身陷囹圄的领导者。与其他许多人一样，在我的职业生涯中，我一直在为这样的老板服务或者与这样的同僚共事。你不能告诉狂妄自大的领导者他不知道的东西。他们鄙视一切建议，尤其是来自下级的建议，当然即便是朋辈和上级的建议对他们来说也不过尔尔。他们几乎从来不按规则行事。他们极度自信，严重缺乏自知之明，根本没有自省能力，完全不愿与他人共事。他们通常都是组织内的霸道总裁，而且这种人存在于各个层级的机构之中，不仅限于高层官僚机构。

狂妄自大的自我中心主义者极度痴迷于权力。与宇宙黑洞一样，他们将一切决策权牢牢地抓在自己的手中，而且还不断寻求扩张自己王国的势力范围，继续增强自己的权力。他们剥夺身边所有人的权力。他们对权力的渴望没有底线。

狂妄自大的自我中心主义者根本就不该成为机构改革的领导人。

A Passion for Leadership

领导者，或者有志于成为领导者的人，无论是在公共机构还是私营领域，必须讲诚信。

为了对权力负责和公正行事，公共机关和企业领导者有时需要坚守立场，承受孤独。那可能是一个非常孤独的境地。正因如此，领导者也许可以更加有效地实施机构改革。

莎士比亚在《查理二世》中写道：“我的名誉就是我的生命，两者已经合二为一；失去了名誉，我的生命也就失去了意义。”然而，个人名誉概念在今天的许多人看来似乎是一个非常古怪有趣的东西。实际上，人们现在很少能够听到这种说法了。那似乎都是我们开国元勋那一代人的事情了。“年轻人应该慎重衡量自己的计划，”前总统约翰·亚当斯给他的儿子托马斯写道，“做任何事情都应当坚守诚信，因为作为幸福的根本，诚信应当贯穿于人生的每一个阶段。人生的第一准则应该是全人类的名誉高于个人名誉。”《独立宣言》就包含有签署各方的彼此承诺："我们的生命、我们的财产和我们神圣的名誉。"

名誉定义为"信念与行为上的诚实与正直"，正直是"社会道德品质的原则"。当今的公共话语中很少能够听到这一类的话题。但我坚信，这些话语及其代表的品质是高效的领导艺术的基石。如果你想领导他人，你就得说服他人唯你的马首是瞻。这就意味着他们必须得信任你。1908年至1916年担任英国首相的赫伯特·阿斯奎斯曾经写道："如果不能设法赢得别人对你的信任，纵使你伶牙俐齿、口吐莲花，甚至鞠躬尽瘁，于事也是枉然。"领导者必须做到言必行，行必果。要让人们相信领导者言行一致，一言九鼎，绝不是简单的信口敷衍。行为正直就可以成为道德权威，而且只有道德权威才能登高一呼，应者云集，人们即使冒着个人风险或牺牲也在所不惜，即便他们与你意见相左。

很遗憾，当今的领导者鲜有因正直享誉天下并举起道德权威大旗者。相反，似乎只要翻开报纸、打开电视，或登录网页，我们就能看到一个又一个政府或企业领导者因撒谎、欺骗或盗窃被抓。或者更普遍但危害不及前者明显的是人们用另一种方法看待别人的不诚实行为，辩称我们无须为某些道德失范行为大惊小怪，因为很多人都在这么做，或者认为某些道德失范属于官员的个人生活范畴，与他们的职业生涯并不相干。

我正确处理这种事情的个人经历来源于1986年爆发的"伊朗门事件"，这是一起涉及美国政府秘密向伊朗军售并将军售利润用于支持尼加拉瓜反政府力量的丑闻。这起丑闻差点导致里根总统遭到弹劾。时任中央情报局局长威廉·凯西与总统国家安全顾问结成同盟，秘密制订了这一行动计划，而且这一计划对除中央情报局和政府极个别高官以外的所有人保密。我当时担任凯西的副局长5个月之久，被要求在特别检察官劳伦斯·沃尔什面前作证。我通过这次听证第一次了解到 1986 年 10 月大概发生了什么事情。当时，我将此事告知了凯西，但他并没有让我细说，因为他知道调查计划。我还告诉了中央情报局法律总顾问，而且根据后者的建议，将此事知会了时任总统国家安全顾问，但是没承想他与此次事件干系重大。沃尔什确信我在几个月之前就知道用武器换钱支持尼加拉瓜反政府武装的交易，但是他苦于找不到证据。我从来不否认或许有人曾经告诉过我这件事情，我只是想不起来任何一次有关此事的谈话。在接下来几年的调查中，中央情报局卷入此次丑闻的其他官员证明了我在这件事情上一直被蒙在鼓里。关于我对这件事情究竟知道多少以及从什么时候开始知道等问题的悬而未决直接影响了我在 1987 年春季中央情报局局长的提名。随着越来越多的真相水落石出，国会对我的信任与日俱增。威廉·韦伯斯特担任中央情报局局长时我继续担任其副局长，并且于 1991 年被乔治·赫伯特·沃克·布什总统提名为中央情报局局长。

之所以联想到这个故事，是因为通过这次沉痛的经历，我意识到尽管我与“伊朗门”丑闻毫不相干，但我还是做得不够好。在告知已然掌握所有消息的凯西、中央情报局法律总顾问，以及总统国家安全顾问我所了解的信息后，直到丑闻公开曝光之前的一个月时间内我什么事情也没有做。我没有去找白宫法律顾问，也没有去找国会相关监督委员会主席，或者去找总检察长。多年来我一直告诉自己，关于这件事情我只知道极小的一部分，我不是律师，所以我根本不知道这件事情触犯了法律，中央情报局法律总顾问并没有告诉我他认为这是一种违法行为，而且我当时并没有理由怀疑凯西表现出的对此事一无所知的样子。但是待整个事件过去之后，我深刻地认识到我的行为标准还很不够。我曾发誓绝不会让这种事情再次发生。

对于官僚机构绝大多数最高级或接近于最高级的官员来说，破坏他们名誉的并不是重大犯罪行为，而是日常生活、工作中不断侵蚀的小事情。担任中央情报局局长之后，我的私人秘书会时不时到我的办公室向我八卦中央情报局最近又有哪些高官在外面风流快活。我会制止他。我告诉他这种信息会让我很难再与这些人一起愉快地共事，因为连他们的妻子都不能信任他们，我凭什么信任他们，或者国家凭什么信任他们？我不能开除他们，但我再也不能放心地依赖于他们。

担任国防部部长期间，看到经常有高级将领因为滥用特权、公款旅游、可疑花销，以及衣着奢侈等原因接受总检察长调查时我感到非常困惑。这些行为虽说算不上重大犯罪，但都是踩着道德的底线，甚至有一点逾越。有些人明显超越了道德底线，所以受到了法律制裁。他们用纳税人成千上万美元出版装帧漂亮的出版物以庆祝自己荣登高位、举办奢靡的告别晚宴和各种仪式、拥有四五辆豪华轿车，而参谋长联席会议主席和我每个人只有两辆。高级军官道德失范的现象已然非常严峻，我多次与参谋长联席会议讨论这个问题，而且在与新晋将官的座谈中我也做了重点强调。即便如此，问题仍愈发严重，以至于在我退休后，新任国防部部长和参谋长联席会议主席任命了一名高级官员专门负责处理这一问题。

然后是国会。明目张胆的行贿受贿，数万美元现金藏于家里的冰箱，性侵犯，滥用竞选资金，而且两党把持的国会罪行清单近年来仍在不断增加。这并不包含那些虽不违法但应受谴责的满嘴仁义道德的卫道士行为，他们总是光屁股（既有字面意思也有比喻意义）被抓个正着。唯一的好消息就是这并不是值得大惊小怪的是消息。马克·吐温在 100 多年以前就写道："除了国会，美国本土没有确信无疑的犯罪集团。"

问题是当今不管我们在哪里遇到的领导者似乎都有各自致命的弱点。所以，谈到官声、人品俱佳的优秀领导者，还有谁能够成为年轻人以及其他人尊敬和崇拜的对象？的确有很多值得我们仰慕的官员模范。他们只是不为公众所知而已。非常荣幸在我几十年的政府职业生涯中能够有机会与许多人品完美的男男女女共事，前总统国家安全顾问布伦特·斯考克罗夫特、兹比格涅夫·布热津斯基；前中央情报局副局长约翰·麦克马洪、迪克·克尔，以及鲍勃·伊曼；前中央情报局局长威廉·韦伯斯特；海军上将迈克尔·马伦；以及我担任国防部部长时期的办公室主任罗伯特·兰格尔，就简单提几位吧。我在得克萨斯农工大学的经历也是如此。问题是他们的品质、他们的正直并没能引起全国媒体的兴趣。所以，作为年轻人的榜样，他们在全国几乎籍籍无名，特别是与无处不在的歹徒相比。

品格有时候被定义为一个人独处时候的行为表现。但问题是在今天这个 YouTube、苹果以及社交媒体的时代，总有人在盯着你。也许你会认为有人既然具有能成为领导者的智慧，他们自然有足够的智慧意识到今天一旦伸手被抓的可能性要远远高于以往。这个问题又将我们带回到自我中心主义和狂妄无忌这个话题。

许多领导者在八小时以外完全是斯文扫地、声名狼藉：名誉与品格是全天候的命题，并非仅限于职业行为。如果你是公共机关或私营领域的领导者，你就会一直处于别人的视线之中。托马斯·杰斐逊曾经写道："一个人既然得到了公众的信任，就应当视自己为公众财产。"中小城镇中大型机构的领导者几乎没有隐私可言。得克萨斯农工大学校长的住所坐落于校园中心，这也是校园内为数不多的几处住所之一。

在近四年半的时间中，我房间的窗帘几乎总是拉上的，因为外面庭院中总会有学生，而且不仅是学生。一天下午，我坐在房间外半私密的小庭院中看书，但当我抬起头时突然发现一位遛狗的妇女在大概 3 米远的地方盯着我看。

华盛顿特区和其他大型城市也许可以为绝大多数居民提供一定程度上的私密空间，如果你是政府高官或者企业高管，千万不要心存侥幸地认为没有人会注意到你。无论你是权倾一时的国会某委员会主席酒后驾车载着脱衣舞女郎前往潮汐湖畔风流快活，或者是白宫助手或国会参议员在男厕所被捕，抑或是公司高管因风流韵事或近年来我们听到的其他无数难堪事件而遭解职，不名誉可以毁掉你及你所取得的一切成就。

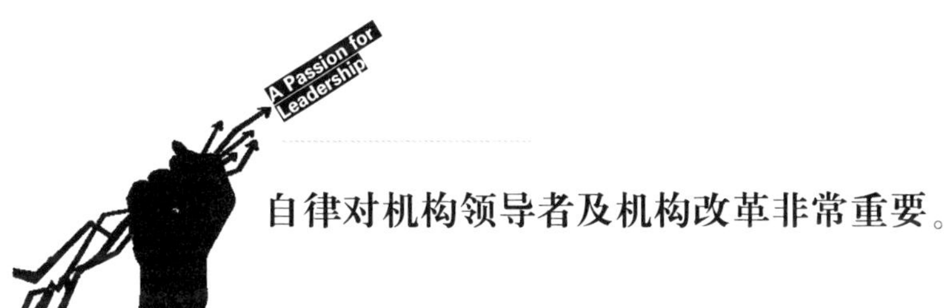

自律对机构领导者及机构改革非常重要。

我最喜欢的一句名言是"永远不要错过任何一次闭嘴的机会"。我不想告诉你有多少次在国会听证会上我真的想歇斯底里地怒吼。每次在白宫战情室我多么想说："这是我所听过的最白痴的想法。"有多少次在中央情报局或五角大楼听证会上我想告诉某些人 PPT 幻灯片应该安放在什么位置。高级领导人希望通过呵斥下属释放压力。但是想要成为一名优秀的领导者，你必须压制这种冲动。而两者的精髓都是知道该在什么时候闭嘴，该在什么时候将方向盘让与他人。时刻想要表达你自己的意见或者亲自上阵是在所难免的。要想成为一名优秀的领导者，特别是改革领导者，要求非常高的自我控制能力。如果一直被低估，沉默与克制是领导艺术的基本要素。

在过去几十年的职业生涯中，我亲眼目睹过太多的领导者将会议变成一言堂，从一开始几乎讲到会议结束，最后只留出5分钟时间征求大家的意见。那时，所有人都急不可待地想要离开会场了。还有一种情况，有些人醉心于向每一位与会者分享自己的智慧，根本无视别人在说什么，不断打断别人的谈话，强行推介自己的想法，也不提别人刚刚说了什么。我参加过一个战略研究小组，规则是如果你想对发言人的讲话做出回应，就将你的名牌立起来，向主持人示意。在很多情况下，甚至在发言人还没有开口说开场白的情况下，有十几个人就竖起了自己的名牌。这些人根本无意回应发言人的讲话。他们只想高谈阔论，以期用自己的智慧启迪其他与会者。他们的词典里根本没有聆听，也没有自我克制。

在你说话时你就无法学习，这是一个非常简单的道理。鲍勃·伍德沃德在他关于奥巴马和阿富汗战争的书中引述了一位消息源对我的批评，指责我参加国家安全委员会会议时，除非总统提前问我的意见，否则我总在会议快结束时才发言。这也是事实，我需要等待恰当的发言时机。这样做有两个好处。首先，我比较喜欢对会议上的各种观点进行总结，所以这是对我有利的一个策略。在等待发言的过程中，通过聆听，我在加入讨论之前就能够了解到其他负责人的态度和观点，这样我就能够更好地权衡自己该说什么以及该怎么说。其次，对于有些问题，我还没有什么好的想法，所以真的想听一听别人怎么说。根据假设理论，通过聆听，我可能学到一些我之前没有想到的东西。

很幸运，很少有读者会出席国会听证会，但是有些关于自律的经历教训，特别是判断形势时保持沉默的重要性，对广大领导者具有广泛的适用性。白宫立法者为国会听证会被质询人提供的拇指法则是 90:10，即如果听证会上 90%的时间都是议员们在说话，则意味着很有可能会有一个相当喜人的结果。他们愿意听自己说话，特别是在闪光灯前面，所以习惯于不断打断别人以表达自己意见的作证人则会被严重误导。尽管，我不得不承认，面对不着边际的演讲、错误连篇的事实陈述，以及毫无根据的指控确实需要相当大的自制力。

我承认有时候作证的过程能够让我享受到某种病态的愉悦。在 1991 年的中央情报局局长赴国会听证会期间，当时是接近黄昏时分，参议员霍华德·梅岑鲍姆还在念关于一个非常复杂的问题冗长的讲话稿(当时正在电视直播)，而且电视台对当天的听证会进行了全国现场直播。当他终于念完之后，我告诉他我根本没有听明白他的论据思路，不知道他是否再能简单地说一下他的问题是什么。我非常清楚他说不出来。他的两名工作人员先后过来跪在他身边帮他组织问题。但根本没有用，无奈他又将那份冗长的稿子照本宣科地念了一遍。我的一个简单的要求就向所有人证明他根本不知道自己在说什么。多年的国会听证会经历中，时不时会有国会议员对我一上来就是一通长篇大论，而我就喜欢用简单的"是"或"不是"予以回应。他们也可能要求我详细说明，对此我只会说"不"。这就是克制的美德。

在其他场合同样要求严格自律。不管是对待员工、媒体，抑或其他人，领导者总是忍不住大发雷霆，厉声咆哮，瞪眼捶桌，难以控制自己。相反，不管到哪个单位工作，他们越是听说我脾气大，很快我会变得越克制。因沃尔特·里德陆军医疗中心门诊伤兵护理丑闻遭我解职的前陆军部部长后来对媒体说，他怎么会是那么冷静的一个人。

领导者乱发脾气既令人难堪，同时也是一种时间精力的浪费。很不幸，这种行为司空见惯，而且历史上也不乏各种生动的先例。德怀特·艾森豪威尔生性暴躁，而且他一生都在努力控制自己的脾气，为此付出了艰巨的努力。据作家约瑟夫·波斯科称，海军作战部部长、第二次世界大战英雄欧内斯特·金海军上将的女儿描述他为“她见过的最随和的人却总是怒气冲冲”。

电影《巴顿将军》中有一个场景让我印象非常深刻。在将军完成一个激愤的长篇演讲之后，他的军事助手发现他的听众有时不知道他何时在装腔作势。对此，他回应道：“他们是否知道我何时在装腔作势并不重要，只要我自己知道。”问题是绝大多数领导者大发雷霆并不是在装腔作势；他们纯属于缺乏自律。

克制是与媒体打交道必须具备的素质。我亲眼目睹或通过阅读了解到许多领导者不能充分利用媒体并视具体情况相机行事。他们在记者招待会上居高临下、大放厥词、推诿逃避，甚至傲慢无礼。对记者不恰当或者消息不准确的问题报之以嘲笑，对记者的批评嗤之以鼻。在我看来，这样做只能逞一时的口舌之快，却换得悔之不及的长久之痛。

面对公然侮辱，没有人能够泰然处之，而且最后往往还是媒体说了算。我对五角大楼记者团总是努力表现出应有的尊重，当有记者偶尔提出一个笨拙的问题或者提问时不能清晰表达自己的意思，我都会努力弄清楚他的问题并认真予以回应。

我之所以坚信单位领导者或其他任何改革家必须努力加强自律，

其中一个原因与其属下有关。如果老板不能情绪自控，就会给下面的员工一个非常糟糕的信号：这种行为是可以接受的，这样根本无法创造一个包容，特别是有利于顺利推进改革的环境。听起来也许是老生常谈，但是领导者必须成为单位的德行模范。

领导者必须待人友善随和、平易近人，但也不能太过于亲近。毕竟，他还是领导者。也许听起来有些古板，但是领导者必须保持自己的尊严，这又是一个老生常谈的问题。对于是否要参与他人组织的活动，领导者必须谨而又慎。不与属下“称兄道弟”，领导者同样可以全心全意为他们谋福祉。无论如何他们都不会认为你能成为他们的兄弟。领导者必须准确把握幽默风趣与为了证明自己也是一个普通人而故作丑态、贻笑大方之间的界限。即便同仅次于自己的高层副手在一起，领导者永远不能忘记他们向自己负责，而且很有可能在将来的某一天他要做出他们不愿看到的决定，包括关于他们前途的决定。因而关系走得太近只会使将来的抉择更加艰难。

明白有些事情可以做但不应该去做对领导者来说非常重要。因为有些事情虽然法不禁止，但并不意味着你就可以去做。优秀的领导者绝对不会凭借自己的特权去侵犯他人的空间，包括他们的办公室、娱乐以及生活场所。刚到得克萨斯农工大学时，主管学生事务的副校长邀请我与他们一起开展一次深夜临时访问学生宿舍的活动。刚一到那里我就发现我不应该过去。从此以后我再也没有犯过类似的错误。

领导者不能要求下属帮自己做私事，诸如送信跑腿或者他家中的各种琐事。他不能让自己的员工做一些变相受辱的事情，从而让他们身处尴尬境地。我认识一位主管某个不太重要的国内事务部门的内阁部长，他因为差使庞大的工作人员队伍专门为自己的日常私事跑腿而臭名昭著。几年前，联邦政府某个重要部门的负责人因其妻子长期要求部门员工为自己做事而遭解职。在成长的过程中，我经常会问的一个重要问题是，你妈妈会怎么想？如今，关于个人行为的一个更为贴切的问题应该是，新闻头条或 YouTube 会怎么看？

A Passion for Leadership

智力和专业恫吓，即认为在座各位中自己智商最高的性格，对于集思广益以及避免决策错误非常不利。

在过去几十年的职业生涯中，我遇到过无数自恃才智过人的领导者或同事，其中有几个还担任过美国总统。我能够清楚地想起来的至少有两位是白宫办公厅主任、五六位内阁部长、几名公司高管，以及其他各种职务不甚重要的官员。有这种想法的领导者会觉得花时间认真考虑其他人的想法，特别是自己有不同看法时是非常痛苦的。这样，即便领导者可能会就某些特别问题征求大家的意见，但是很快其他所有人都会明白他对别人的意见根本没有任何兴趣：他坚信他早已想到了其他所有人的意见，而且早在进入会议室大门之前他就已经做好了决定。自恃为会议室中最聪明的领导者可能会刻意屈尊纡贵，然后或巧妙或不那么巧妙地与其对话者周旋。有时可能是赤裸裸的侮辱。与这种人共事或为其做事非常无趣。傲慢自大的自我中心主义者与坚信自己是在座各位中最有智慧的那些人之间有非常高的重合率。在会场上，两者之间的共同信号就是人们发出的一声忍耐已久的叹息，以表达对要花费时间精力听那些粗鄙的想法的不耐烦。

联邦最高法院大法官小奥利弗·温德尔·霍姆斯曾经评价富兰克林·罗斯福说，他有二流的智慧但却有一流的脾气。我相信我们的绝大多数总统都适合这个评价：乔治·华盛顿、亚伯拉罕·林肯、富兰克林·罗斯福、杜鲁门、艾森豪威尔、里根。他们每个人身边的任何人永远也不会忘记谁是老板，但是与同时代全国最优秀的智囊团队为伍，每一位总统都能够聆听他们的意见，将他们的意见同自己的判断结合，做出一个个历史性决定。著名历史学家戈登·伍德认为华盛顿将军"缺乏智囊团成员的才能、智慧和自信，他总是认真听取他们的意见并不急不躁地做出谨慎的判断；但是一旦明确了行动方案，他会果断执行，面对有争议的决定，他从不自责懊悔"。林肯、艾森豪威尔以及里根等总统的某些智囊团成员及内阁部长也会对他们的智慧和判断力提出公开批评。但是想想，最终万世流芳、名垂青史的是何人？

相对于那些自恃学无所不逮、理无所不通的领导者，工作中谦虚低调的领导者更容易从属下那里获得有利于走向成功并建立一支强大团队的想法、建议。不管走到哪里，我都知道我不是在座各位中最聪明的。这绝对不是虚伪的谦虚。大学一年级微积分课程的D档成绩以及当身边其他所有同学都已经掌握生物化学、数学，或者工程学的时候我却永远也没有入门等事实不断提醒着我的能力局限。无论走到哪里，我都随身携带的东西少不了聆听的意愿（我发现我倾听的能力与日俱增），还有分析和综合大量复杂信息的能力、观点、建议，并提出切实可行的问题解决途径以及改革方案。除此之外，还有想要变得勇敢的意愿。

勇气是改革的关键。

“勇气”是一个看似与官僚机构关系不大的词汇。如果一名中层领导者向自己老板或同事提出老的做事方式不足以适应新形势的需要从而需要改革，这就是一种勇敢的行为。即便是手握重权的一把手提出一个绝大多数员工都反对——至少刚开始是这样——的观点也是需要勇气的。

机关领导者为了原则或国家利益做出的勇敢行为远比你想象的普遍得多。但是在机构改革上就明显没那么普遍了。主要原因是公共机关，当然也包括联邦政府层面的重大改革少之又少，很难找到可以依循的先例。州长和其他地方长官推行重大改革的例子则更多，预算危机往往不仅是他们实施改革迫不得已的原因，也会强化他们的改革。

转型改革之所以需要勇气是因为有太多的人从现状中获得政治、经济，以及精神上的巨大利益。对“现状”的保卫行动一般都是从机构内部发酵，但是很快，可能波及企业、政客、政策及政治捐助者，甚至还有可能涉及最令人敬畏的立法机关。领导者必须同每一位反对者斗争以推动其改革方案的实施。前面的章节已详细讨论了具体方法。这一切都开始于拥有迈出第一步的勇气。

当然，面对因推行机构改革而遭遇的挑战，改革领导者如果根本不为所动，他就不会理解反对派集结的力量有多么强大。犹如在战场上，真实了解敌人是走向成功的第一步。

A Passion for Leadership

在同反对改革的官僚主义的斗争中，领导者需要几位值得信任的高级助手，愿意致力于他的改革议程，而且能够有效落实他的各项决策。

改革型领导者在反对官僚主义的斗争中将孤军奋斗，因为他不会有太多盟友，至少对于高层机构领导者来说是这样的。高级官员非常在乎他们自己的前途和地盘，而且要不遗余力地保护自己多年来经营的"王国"。有些人只会给予领导者选择性支持。

在接受职务任命时，领导者有机会补充高级职位空缺。他可以借此机会物色才华出众、有独立思考能力、与自己有共同目标，并愿意向自己提出真诚意见及实现方式的员工做自己的助手。我觉得现在应该非常清楚，领导者应当避免提拔使用应声虫。一旦做出决定，即便是新同事，他们都必须义无反顾地予以实施。

新领导者还必须决定是否要对有些行政管理岗位进行调整。但他不能操之过急。每个人都有资格获得证明自己的机会。任何人都不应该被解雇，否则，刚刚履职一把手的领导者会给别人留下冷酷残忍的印象。

担任得克萨斯农工大学校长之后，我觉得需要让全校上下传递出必须对校园布局和文化进行改革的信号，而且我决定绝大多数现任高级管理人员必须离职。有几个我让他们尽快离职；我告诉其他人提前一年时间宣布退休，这样我就可以向大家发出信号，针对退休管理人员所在部门的改革已经开始，而且我们可以有条不紊地开展替代人员的物色工作。正如前面所说，我要让整个得克萨斯农工大学的决策制定文化从行政官员主导过渡到学术领袖主导。为了实现这一点，我需要一个全新的行政班子。

担任中央情报局局长之后我一个高级官员也没有替换，而且在其他我徒有领导者虚名的机构我也没有权力对高级官员进行调整。刚刚上任国防部部长之后，我没有替换任何高级官员。正如我之前所说的，我希望向国防部各位高官传递我对他们的信心。事实上还有两个非常现实的问题：两场战争如火如荼且形势极不乐观，加之参议院审批过程的不可预测，所以我不希望重要位置出现长时间空缺。我知道我必须就某些项目和问题做出艰难的决定，而且我想有一个理想的民意调查结果。与此同时，利用这一段时间，我可以确定哪些人将是我可倚重的高级助手。让我倍感欣慰的是几乎所有人都值得我信赖和倚重。

在某些情况下，领导者的高级执行助手是非常重要的职务，对于领导者的成功具有至关重要的意义，所以这些人应该是领导者的直属工作人员，无时无刻不待在自己的身边。他们是什么样的人以及他们的行事风格如何都可以直接从领导者身上反映出来。

我担任过总统国家安全顾问的工作人员和行政助理、中央情报局局长行政助理和办公室主任。所以我比绝大多数人更明白我需要什么样的人守候在我的办公室外面。我需要一位协调员，绝非看门狗；能够弄清楚某些高级官员是不是真的需要进入我的办公室，如果的确需要，还能够找一个恰当的时间让他们进入我的办公室；能够甄别并推动高质量决策报告的尽快出炉；原意询问我以弄清楚我给他们的指示或者客观地提出自己的异议；能够确保我的办公室与我的高级顾问之间的通信交流畅通。我希望我的高级执行助手成为我和整个机关都不可或缺的重要人员。我希望他们经验丰富、思维活跃，对我绝对忠诚，愿意告诉我需要知道的东西，而非仅仅我想知道的。我不希望我的任何办公室人员狂妄自大，或者更有甚者，狐假虎威，也就是说，有些办公室人员招摇过市，行为举止无异于坐上了其老板的位置，对其他人傲慢无礼、不屑一顾。

我希望我的办公室人员有足够的能力和信心圆满落实我的愿望和指示。担任国防部部长之后，我们会时不时打发一位中级士官到前线协助做好我的到访准备工作。有一次，前往阿富汗为我的访问做前期准备工作的参谋军士詹森·伊瑟姆还与一位专门负责我前线访问工作的上校发生了激烈冲突。詹森非常礼貌地告诉了他我的想法，但是上校却有不同的计划而且态度非常坚决。他希望我在阿富汗的整个行程基本以听简报为主；但詹森知道我只想访问军队官兵。最终，詹森军士走到上校的电话机旁拿起话筒，他举着话筒告诉上校："我俩谁给部长打个电话，问题立马就解决了。"上校理解了，而且最后同意了我之前给詹森的意见。

担任三家机构一把手的时候，我的行政机关都非常精简，特别是在规模上。我建议所有领导者都应当这么做。直属工作人员规模过于庞大反倒不利于交流沟通和工作的高效开展。毕竟作为规模庞大的行政机关的一分子，有些行政人员需要不断打扰单位其他部门人员才能有事做，例如问一些没有必要的问题，毫无必要地干预其他部门的决策过程，而且通常给包括老板在内的所有人造成不必要的麻烦，也许老板根本不知道他的某些行政人员为了刷存在感已经无孔不入地干涉到单位每一个人的工作。行政机构的规模过于庞大会让人觉得老板把自己看得太重要，而且很明显也会增加开销，这对于致力于开展机构改革的领导者尤其贻害匪浅。精简的行政机构内部争权夺位、争宠谋利，或者搞小动作等钩心斗角的概率会大大减少。我在三家单位当领导者时行政机内部亲密无间的信任环境极大地鼓励和推动了员工彼此之间的真诚。即便行政机关规模非常小，对于每一个问题，行政人员同样可以给予自己的立场、经历等给领导者提供多角度的建议，对于领导者的决策大有裨益。

这种方式让我获益匪浅。我在中央情报局的私人秘书是一位与我共事近 10 年的女性，她从来不掩饰自己对任何问题的真实想法，是我值得信任的得力助手。有一次我想去参加一个公司主办的社交活动并且征求中央情报局法律总顾问是否合适。她拿着法律顾问的备忘录进入我的办公室，似乎是扣在我的桌子上，用一种相当嘲讽的语气说总顾问的意见是没有问题，但是其观点含糊不清、不知所云。她继续说，在她看来这种行为肯定逃不过《华盛顿邮报》的灵敏嗅觉。我最后没有参加那次活动。我的行政助理珍妮丝·威廉姆斯是一名非常聪明的中央情报局职业经济分析师。最后，我还有一位特别助理、青年律师尼尔·沃林，他是我前任威廉·韦伯斯特离任前一年为自己物色的特别助理。韦伯斯特从青年律师开始他的职业生涯，后来成长为联邦调查局局长，再后来成为中央情报局局长。我对尼尔的印象非常深刻，所以我很快将他提到了一个更具实质性意义的位置，让他用律师的眼光审查所有送给我的文件，并作为我的代理人对所有任务小组进行监督。几年后，他被任命为财政部副部长。作为中央情报局局长，我掌管着中央情报局以及美国情报系统其他 15 个情报机构数百亿美元的财政预算，以及超过 10 万人的员工，但我的直属行政机关仅有 3 人，而且运行高效。

我在得克萨斯农工大学的直属行政机关规模与此基本相当，一位私人秘书、一位特别事件主任、一位办公室主任，以及两位后勤人员(全都是女的)。我在得克萨斯农工大学历史上首次设立了校长办公室主任这一职务，并从教务长办公室调来年轻的律师罗德尼·麦克伦登。我告诉他我对得克萨斯州关于高等教育的法律一窍不通，所以需要他帮助我不要惹上麻烦。他对学校里发生的所有事情了若指掌，而且能够高效地协调我办公室内外的交流沟通工作。这个精干的小组，与主管政府事务且与我共用一套办公室的副校长一道，在日常工作中对我的坦诚几乎无微不至。这个精干的小组不仅是我在学校能够脚踏实地、消息灵通、决策谨慎、密切群众的推进器，而且也是整个大学社区不可多得的财富。

最后，担任国防部部长时我的直属工作人员规模相对大一些，但是相对于我的前任及继任者，还是小了许多。我当时事实上的办公室主任是罗伯特·兰格尔。尽管他的一条眉毛似乎特别喜欢上挑，我从没见他提高嗓门跟别人说过话，但我觉得他是五角大楼内部最令人生畏的人物之一，因为五角大楼内但凡与我相关的材料，他的要求都极其严格。他在行为标准和时间观念上极具原则性，而且他对五角大楼，实际上对整个华盛顿的熟悉程度令人震惊。我的机要秘书严格把控我的日常行程并时刻守候在我的办公室门外。我还有一名高级军事助理、两名中级军事助理，以及在几乎我所倡议的所有议程中都发挥了卓越贡献的两名文职助理。

之所以从某些细节上对这些职员予以描述，我只想再次强调我之前所提到的一个观点：拥有一个精炼能干的直属行政机关，包括联邦政府机构在内的所有机关领导者可以出色地完成各项议程。对于致力于转型改革的领导者来说，这一点尤其重要，因为它向外界传递了一种强大自信的信号。

A Passion for Leadership

在现实官僚体制中，你几乎永远也不可能事事尽善尽美、尽如人意。优秀的领导者必须学会妥协，不断调整自己的计划，突出重点，彰显灵活与务实。

军事古语有云，没有任何计划在与敌人遭遇后还有效。机构改革亦是如此。每一个改革计划往往会有这样那样的不尽如人意之处，从不切实际到缺乏资源或必要的技术条件等不一而足。有时纯粹是因为对手太强大。谈到改革的实施，领导者要坚持自己的议程或方向，但也要不拘泥于实现途径与方法，而且有时候还不得不承认失败或者乐于面对成败各半的现实，并能够等待时机，重振旗鼓。我几乎每一次都不得不遵循此策略。

我在中央情报局想要实现的一个改革就是取消每天一上班就必须

以书面报告形式向决策者提供情报的惯例。我告诉我的行政人员，我们至今还在使用当年他们给乔治·华盛顿总统的方式向乔治·赫伯特·沃克·布什总统报送情报：我们将情报写在纸上，然后让人开车（我们已经用轿车取代了马匹）送过去，最后面对面将档案袋送到接收人手中。我希望实现整个情报报送工作的电子化，及时向决策者的电脑发送情报并保持不断更新，并让情报使用者能够通过电子手段向我们提问。1992 年这次改革的失败部分是由于当时的技术条件限制，当然也与我们许多"客户"对这种新式的情报传递方式不习惯不愿意接受是分不开的。这是当时夭折的改革之一。

我追求的另一项改革是实现情报系统影像情报资源管理重组。第一次海湾战争期间，我们在向战地指挥官或战斗部队传送侦察图片的工作中出现了许多问题。在此前几十年中，我们通过授权国家安全局规范信号传输系统，并协助从战术军事单位到空间卫星等各级情报部门的信号情报收集等方式解决了信号情报传输中的这类问题。在影像情报资源方面我们没有一个相对独立的机构，所以我希望组建一个。我的想法是建立一个堪比国家安全局的独立机构，能够协调包括扛照相机的士兵、比奇固定翼飞机以及通讯卫星等在内的所有影像情报资源并有权力确保我们的影像情报仅在前线最小范围内的战斗部队内部分享。这一想法遭到中央情报局的强烈反对，该局希望继续保持其影像情报独家研判机构的地位。我希望让其成为由多个情报机构组成的美国大情报系统的一员。我可以改变中央情报局对这个新机构的反对态度，但是我却无力改变时任国防部部长迪克·切尼和参谋长联席会议主席科林·鲍威尔的态度。他俩对于融合包括高度依赖卫星成像的美国国防部测绘局在内的几乎所有民用和军用影像资源以建立一个大型新机构的想法充满怀疑。我最后只完成了一半改革目标，成立了中央影像办公室，该机构能够协调我们的影像资源及用户的需求，但是缺乏类似于国家安全局在信号资源方面的规范权力。然而，我的想法终于胜利了，我在 1992 年努力筹建的机构终于在 4 年后成立了。它就是今天广为人知的“美国国家地理空间情报局”，其使命实际上涵盖了我当时的全部设想，甚至更多。

在我担任一把手的三家单位中，我对他们都讲过，在现实与我们的目标之间是一片沼泽。有时候，当你艰难穿越沼泽时你还不得不同鳄鱼或蛇之类的障碍周旋。有时绕过沼泽地则是最好的办法；这么做可能更加费时费力，但是你的屁股上不会留下鳄鱼的吻痕。关键是要保持不断前进。优秀的领导者知道什么时候冲进沼泽，什么时候应当绕过沼泽。

A Passion for Leadership

成功实现机构改革目标的一个关键是严肃对待这项工作，而非事必躬亲。领导者应当为这一原则树立模范。

永远不要小觑幽默的力量。在我服务过的 8 位总统中，只有 2 位没有明显的幽默感：理查德·尼克松和吉米·卡特。你可以从其中得出自己的结论。我相信许多美国民众会惊讶于白宫战情室居然总是充满欢声笑语，即便是在局势极为紧张的时刻。我始终坚信幽默是大智之人面对强大压力和生死决策的有效途径。幽默，通常情况下，可能只是引起众人哄堂大笑的一句俏皮话、一个双关语，或者一个人的喃喃自语。也许不合时宜，但实际上却是一个非常奏效的工具。

击毙奥萨马·本·拉登的突袭行动结束之后，据说威廉·麦克雷文上将为了进一步确认运到我们位于阿富汗贾拉拉巴德军事基地的尸体就是拉登本人，他居然要求一名身高也是1.83米的海豹突击队队员躺在拉登的尸体旁边进行身高比对。奥巴马总统揶揄道："麦克雷文可以炸毁价值6000万美元的直升机却买不起一把卷尺？"

老布什非常风趣幽默。他喜欢开玩笑，包括恶作剧。每到他的生日，我们都会到外面聚餐。我们还会找一些有伤风化的卡片并签上外国元首的名字再送给他，而且我们会一起高声尖叫，放声大笑。他还以自己的国家安全顾问布伦特·斯考克罗夫特的名字设立了"斯考克罗夫特奖"，这是一个极具喜感的奖项，颁发给最喜欢在总统主持的会议上打瞌睡的美国高官。在获奖人的评选过程中，他会认真考虑候选人打瞌睡的时长、深度，打鼾通常可以获得额外加分，以及醒来的质量：他是悄无声息地恢复意识并若无其事地回归讨论还是突然从梦中惊醒并打翻了咖啡杯？在同外国元首长时间会晤中、在完成一小时的谈话之后，他会环顾我们其他人，希望我们接过话题，解救他于痛苦无聊的深渊。他真的会根据每个人的贡献，即我们在会晤期间的发言时长，给我们打分。我曾经因为发言时间长而获得了高分，但他给我的评价是"尽管你的发言无聊至极"。

我非常赞成同事之间无须太多繁文缛节，部分是因为我自己就是一个不拘小节之人。领导者永远不要低估自嘲式幽默背后的重大益处；

拿自己开个玩笑或者对自己做一个幽默的评价可以给团队带来极大的鼓励。在这方面，亨利·基辛格可能是我服务过的领导人中最具才情的一位。我担任过一把手的三家机构中的成员对我的评价可以说是百无禁忌，从花白的头发到可笑的不健康的饮食习惯，再到令人乏味的西装和领导人。

几乎所有涉及国会的事情都值得一笑。我在得克萨斯农工大学时，得克萨斯州议会大佬们的古怪行为亦是如此。担任中央情报局局长时，面对非常严肃的日常工作，我们还经常收到关于外国领导人非公开行动的情报报告，其中有些活动是非常滑稽可笑的。

最优秀的企业领导者不仅自己天生幽默，而且还积极鼓励挖掘他人的幽默细胞。许多年前，我在一家控股公司担任董事会成员，该公司的一家子公司专门从事厨房电器业务。该公司的行政人员经常向控股公司这一帮纯男性老古董董事会成员展示他们的新产品。在一次会议期间，他们展示了一款制作油拌沙拉的新式“沙拉喷枪”。我拿起喷枪打趣地让董事会其他成员评价该产品的质量，董事会成员中没有一个真正经常下厨房的人，这就好比要求禁酒主义者评价一款威士忌的质量。我曾经在麦赛福格森拖拉机公司的控股公司董事会担任董事，而且据说在我入职董事会之前，董事会每次前往工厂参观时公司首席执行官都会顽皮地组织一场犁地比赛，看这些温文尔雅的董事会成员中哪一位能够犁出最笔直的垄沟。尽管结果实在不忍直视，但是整个过程中笑声不断。我发现这些企业高管及其他许多人都知道如何利用幽默加强团队建设。

著名通俗历史学家多丽丝·基恩斯·古德温在其关于亚伯拉罕·林肯的历史巨著《对手团队》中阐述了幽默的价值与重要性：

现代精神病学认为幽默可能是治疗忧郁的最成熟、最健康的方法。"幽默，跟希望一样，能够使人们专注于并承受不敢忍受之痛。"乔治·维兰特如是写道。"幽默具有神奇的疗效，"另一位观察家曾经说，"它可以使人清醒而不泄气；它能够寓教于乐；它能够防止我们骄傲自满；它能够给我们提供一个不具伤害性的情绪发泄渠道。"

几十年的公众生活经历让我觉得这段话真是字字珠玑。

适可而止，急流勇退。

完成改革使命之后，或者觉得已竭尽所能，赶紧止步。不要让权力和地位冲昏了头脑，或者被企业的专机惯得乐不思蜀。古语有云："墓地里埋的全是不可或缺之人。"

人生最难的抉择之一就是知道何时该退出舞台。我们都见过在历史舞台上逗留得太久的政治和商业领袖。有些人太过痴迷于权力、待遇、特权而不能忍受一朝尽失。或者他就是不想让机构内外的利益相关者开心快乐。因而他们继续留在领导岗位上，变成他们曾经呕心沥血、励精图治的组织面临的一个不断扩大的负债。我一直认为离开的甜蜜点是当人们开始说“我真不希望他这么快就离开”时，而不是当他们抱怨“我们他妈怎样才能除掉这家伙”的时候。

当形势对你变得不利，主流趋势让你感觉不爽，或者当你无法苟同当权者提出的重要决定时，就是你需要做出是否离开的艰难决定的时刻。进退维谷是许多高级公务员面临的一个困境：鉴于我越来越无法苟同领导者的许多决定，我究竟是应该坚持原则全身而退呢，还是继续忍辱负重，希望我的留任可以减轻组织，也许可能是国家或者州的消极后果？这是每个人必须向自己回答的一个问题。任何级别的领导者在做出这个决定之前必须扪心自问，诚实地检视自己，决定继续留任是为了高尚的目标还是有其他不可示人的目的。

与英国的议会制政治体制不同，在美国，特别是联邦政府机构层面，没有官员因政见不同或者为承担工作失误责任而辞职的政治传统。的确，在我的职业生涯中我知道的内阁官员因坚持原则而辞职的事件只有一次：1980 年 4 月，时任国务卿赛勒斯·万斯因不同意卡特总统营救遭劫持的美国驻伊朗大使馆人员的决定而决然辞职。也许级别较低的官员中因坚持原则而辞职的案例也有，但即便如此也实属凤毛麟角。万斯辞职事件很有可能在全美国上下也属绝无仅有。

对任何级别的领导者来说，相对于因政见不合愤然做出辞职决定稍微不那么痛苦一点的问题就是诚实地检视自己在机构改革中是否真正做到了竭尽所能，坦然地告诉自己，就像当年解雇自己的属下时对他们讲的那样，自己不具备将机构建设得更加优秀所必需的能力、智慧，或者其他任何素质，或者自己已经尽力，所以该是离开的时候了。

看到有些人痴迷于权力和地位而不能自拔，着实令人为之悲哀。

前国务卿迪安·艾奇逊说过：“离开权高责重的职位会令人痛不欲生。”就在奥巴马总统宣布我将于2011年从国防部部长位上退休之前，他曾非常坦诚地告诉我他应该欢迎我继续留任。许多朋友和熟人问我同一个问题，我怎么舍得放下这么一个权高位重的职务？我觉得时间到了。四年半的任职时间，在我所有前任中，比我任职时间长的国防部部长只有4位，但这4人中有2位被迫辞职，还有一位被起诉。

我并不希望我的经历成为被争相模仿的历史纪录。我确实已经精疲力竭，而且我非常确信接下来的任期绝不轻松快乐。与艾奇逊不同，我决定离开，这样我就可以“活得更久一些”。

本章中关于我认为成功领导公私机构改革必须具备的一些品质很显然是非常主观的，而其有些品质是不言自明的，还有一些有待商榷。总体而言，它们构成了一整套我认为是经过时间检验的价值和品质体系。

在短篇小说《丘吉尔》一书中，英国历史学家保罗·约翰逊描述了他认为成就温斯顿·丘吉尔成为一代伟大领袖英名的个人品质：

> 经验一，志存高远……他并非总能实现他的高远目标，但是远大理想总能让他取得不负初心的成就。
>
> 经验二，勤奋工作无可替代……他对勤奋工作与惬意休闲之间平衡的准确拿捏值得所有身居要职的官员研究学习。但他从来都不逃避艰难的工作；在制定重大而危险性的决策时，最

艰难的工作是……

经验三，就其自身而言最重要的一点，丘吉尔永远不会在错误、个人或国家灾难、事故、疾病、不受欢迎，以及批评面前低头……他具有一个人所有品质中最重要的一点，那就是勇气，及其孪生姊妹刚毅……从某种意义上讲，他的整个职业生涯就是如何展现、增强、保护及适量释放、提高及凝聚自己的勇气并深刻影响他人的一整套实践过程。对自己的勇气缺乏自信的那些人可以在《丘吉尔》一书中得到信心和灵感。

经验四，丘吉尔几乎从不在无聊琐碎的生活上浪费时间和情绪精力：彼此嫁祸、相互攻伐、满腹牢骚、寻求报复、泼脏水、传谣言、心怀嫉恨、挟私泄愤……没有什么比怨恨更让人泄气和心力交瘁，而且怨恨不利于做出客观公正的评价。

最后，心底无私天地宽，丘吉尔的生命从而有足够的空间容纳他的快乐……他不仅向世人展示了他对幽默的热爱，而且还告诉世人幽默是许多美好事物的源泉。纵观古今伟大领袖，丘吉尔受到的嘲笑无出其右，他一生中的欢乐也是无人能及。

丘吉尔一直是我心中最伟大的英雄。他的上述品质值得任何单位的所有领导者倾慕、效仿。每一位政治家也应如此。

8. Money, Money, Money: Reforming in Scarce Times

钱！钱！钱！稀缺时代的变革

争取经费是私营企业和各级政府机关共有的显著特征。

大型企业中，各个机构或部门都希望在产品研发、市场营销、生产工艺现代化、科研、网络安全，以及其他诸多方面从集团领导者那里获得更多资源。企业内部的部门利益之争异常激烈。CEO 必须根据他对如何最有效推动他的战略并使公司及其利益相关者受益的评估做出公司现有资源分配的决定。作为企业董事会成员，我亲眼目睹了许多企业领导者就是这么做的；相反，为了分得更大的一块蛋糕，我也目睹了企业内部不同部门领导者之间背地里的较劲与争斗。相对于政府机关领导者，企业 CEO 的优势在于他的决定具有不可改变的终结性，除非董事会想要炒他鱿鱼。

相反，政府机关领导者可调配资源的多寡完全依赖于选举委员会、议会、市长、州长，以及总统的一时兴致。他们的决策权受到我们之前所提到的各种施压团体及利益相关者的广泛影响。

政府机关领导者做出的经费开支决定可能遭政客们的否决，而且这些领导者还面临着将来经费的不确定，所有这些问题无不增加了长期计划和改革的困难。

官僚机构花钱的能力是无穷的，不管给它多少钱，它都能给花得底朝天，而且对金钱的欲望永不满足。经济繁荣时期助长的无节制花钱习惯使得他们适应困难时期的过程更具挑战性。我发现，尽管我们包括战争经费在内的国防预算超过了7000亿美元，但是按照我们的军方领导人提出的“需求”，即使10000亿美元的经费都无法完全满足。不管是公共领域还是私营企业，官僚机构总会有一个未满足的需求清单，范围从“刻不容缓”到“没有也行，有了更好”。

公共官僚机构的经济繁荣时期着实不多，而且还往往与各种各样的危机或国内紧张事件相关。不管面临的紧急情况是9·11恐怖袭击还是飓风卡特里娜或者桑迪，抑或退伍军人医疗丑闻还是其他各种灾难，公众对大规模快速反应的需求会使装备落后的部门或机构获得大把花钱的机会，而且反应快速是一个官僚机构获得可以肆意挥霍的大量金钱的保证。正如政策制定者要求我们迅速拿出结果时，中央情报局内部经常有一句话：“求之愈切，却愈是不得。”

9·11恐怖袭击之后，美国军费和情报的经费龙头毫无节制地敞开了近10年。整整一代管理者和领导者形成了一个高层职务就是一本无限额支票簿的思维，没承想总统和国会在2010年宣布银行没钱了。国家安全部门突然不得不开始适应联邦政府国内各相关部门及绝大多数州和地方政府部门早已经历了多年的勒紧裤带过日子的形势。

争取资源是每一位机关领导者中心工作的一部分。20世纪70年代初期到中期，与越南战争相关的资金源头被掐断的时候我还在中央情报局。冷战结束之际，我担任中央情报局局长，恰逢国防部和中央情报局的财政预算急剧萎缩，这是“和平”带给我们的又一波红利。过去几十年中，全美公立大学经历了政府财政支持的持续锐减，得克萨斯农工大学亦不例外。我四年半的国防部部长任期刚过半时，在美国经济危机、大萧条，以及巨大财政赤字的共同影响下，国防开支预算遭遇了断崖式下降。

A Passion for Leadership

周期性财政预算紧缩为改革型领导者实施机构变革，开展结构与文化改革，提高效率，向新的工作重点配置资源提供了无与伦比的绝佳机会。

财政预算大幅减少的残酷现实也是对官僚机构现状进行大刀阔斧改革的绝佳时机。官僚机构改革困难重重是一个无可争辩的事实，所以他们鲜有变革。随着时间的推移，官僚机构变得臃肿、散漫、懒惰、我行我素。紧张或缩减的财政预算是领导者推行改革强有力的武器。如果没有其他可支配资源或者财政预算遭遇大规模削减，领导者必须通过资助更具优先性项目、新决策，以及新要求或者取消某些不太重要的项目以改变机构一直以来的运行模式。

1967 年第一次经历财政预算削减时我还是一名新晋升的空军少尉，当时越南战场上的巨额开销迫使除直接战争以外的所有军事经费预算遭遇大幅削减。我们位于密苏里州战略空军基地的差旅、非必要行动，以及所有康体设施的经费预算削减幅度非常大。我所在的计划与情报办公室甚至不得不放弃继续订阅《纽约时报》，这就意味着我的领导者上尉必须另觅消耗上午时光的途径。20 世纪 70 年代初在中央情报局时，我亲眼目睹了官僚机关在经费预算上的肆意任性。每年前 11 个月我们都不得不勒紧裤带精打细算，但是到最后一个月，那些戴墨镜的家伙就会提出警告，中央情报局在本财政年度结束时尚有大量预算经费尚未执行，这属于重大罪愆，所以可以毫不夸张地说，各部门的领导者开始到处转悠，寻找能够将剩余预算尽快挥霍掉的项目。

在我的职业生涯中，我还没有见过任何一位领导者将周期性财政预算紧缩作为推动重大结构或运行改革的契机。20 世纪 70 年代中后期和 90 年代初期的两次国防预算大幅削减虽然造成许多项目被取消，诸如差旅和会议等非紧急活动开销被限制等结果，但是并未对官僚机构的组织或运行模式产生任何明显影响。

改变官僚主义现状是我在先后担任一把手的三家大型机构的首要工作目标。担任中央情报局局长之后，我建立的 20 多个工作组中有超过一半在致力于通过各种途径实现我监管的 15 家情报机构更好地融合以及重新调整他们的工作重点以适应后冷战时代财政预算大幅缩减的现状。为了对这些情报机构的财务预算管理提供一个更加有力、高效的途径，我还特别设立了情报机构管理助理岗位。要求所有相关内阁和机构负责人重新审视情报收集重大项目的总统指令也不失为应对经费预算严重削减的一个有效途径。

担任得克萨斯农工大学校长期间，正如之前提到的，招聘 450 名新教师和扩大招收少数族裔新生规模是我首当其冲的两个优先改革项目。这两个项目都需要花钱，而且需要很多钱。我们一届四年的财政预算总计不到 5 亿美元，但仅新聘教师的工资预算每年达 1000 万美元，更不用说为这些教师提供住宿所需的开销。我还计划拿出 2000 万美元用于校园师生族裔多元化改革。

2003 年到 2006 年期间，我们通过撤销超过 400 个行政岗位共节省开支达 1200 万美元。仅 2006 年，我们通过实施包括削减公用事业费用 25%在内的一系列行动举措为我们节省了 900 万美元的年度经费。我们外包了多种服务，还积极调整和重组了学校的管理运行机制。这些改革举措大多是由新任命的主管财务的副校长苏·雷德曼研究提出并负责实施的，她是我从一家制药公司招聘来的。我相信她的企业管理智慧和视角可以帮助我们明确学校管理中亟须改革的重大领域，她确实没有让我失望。主管行政的副校长兼教务长和副教务长也发挥了核心作用。我还要真诚感谢得克萨斯州议会为支持我们扩招教师向我们拨付了 2000 万美元的特别经费。

这些节约成本的举措并没有降低学校的预算，但是通过管理体制改革和提高能效我们就能节约大量资金用于支持学校的重大改革项目。这项改革举措由我亲自指导，专门的工作团队负责具体实施，由于该团队代表了大学社区各方面的广泛利益，所以我们的改革可谓一气呵成、顺风顺水。这一改革的成功同样证明了志同道合、意志坚定的助手对于改革的至关重要性。

担任国防部部长期间，2009 年，我砍掉或者削减了 35 项重大采购项目，如果按照各部门最初预算，这些项目将花费纳税人 3.3 亿美元。我之所以这么做，首先是因为这些采购项目绝大多数早就应当因为超支、过时，或者多余而被叫停。第二是我希望国会和公众知道国防部完全有能力自正门风，这对很多机构来说不失为一个值得效仿的思维，也许从而可以防止出现明显的预算腐败丑闻，这个想法可能听起来太傻太天真。我承认这次大规模取消或削减重大采购项目的举措并不是我 2009 年各项改革的重要部分。

然而，我在 2010 年又推行了一次重大预算改革，这次改革的唯一目标就是倒逼国防部实现改革与转变。我要求各军种在 5 年时间内砍掉 1 亿美元的管理经费预算。实现这一目标的唯一途径就是大幅削减管理和员工成本，合并或撤销一些职能部门，精简司令部，改变目前的运行模式。作为鼓励，我承诺他们从管理经费中节约出来的每一分钱都用于申请购买新的或额外的战斗装备，直接将"尾巴"换成"牙齿"。军方成功节省了 1 亿美元。应我的要求，国防部其他各部门的管理预算削减总额也达到近 8000 万美元，这些经费绝大多数都退还给了财政部。由于国防部各部门领导者的积极参与以及我和我的办公室强大的执行力，两次改革都产生了非常积极的结果。

无论机构的性质如何，公司机构老板必须有一套机制，能够确保机构内各个部门实施的预算削减和改革举措实际上就是他们最初认可的。听着喇叭里的"向前冲锋"签下责任状是一回事；一路坚持到战斗结束又是另外一回事。这就是为什么领导者的改革脚本中不能没有问责制的原因。他必须确保自己的每一项指令能够得到不折不扣的执行。

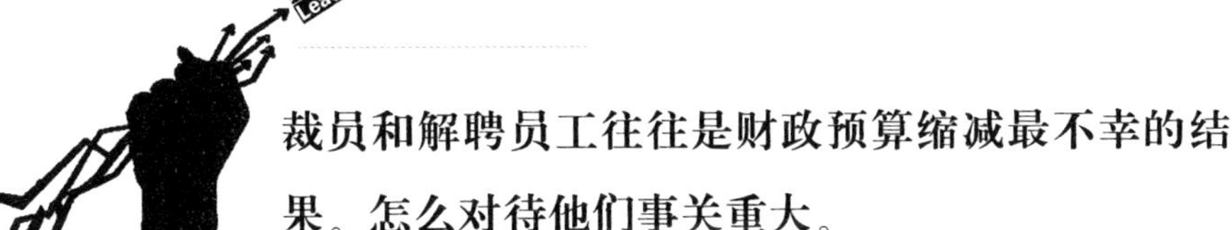

裁员和解聘员工往往是财政预算缩减最不幸的结果。怎么对待他们事关重大。

企业与公共机构的一个显著区别就在于每当遭遇收入下降，或为了实施战略调整或与其他企业合并，前者通常都会采取裁员措施。诸如汽车制造业、银行与金融业，以及零售等许多行业的员工对这种现实并不陌生，而领导者处理裁员事务的经历往往都相当丰富。资历往往是一个非常重要的资本，而且不同部门的裁员规模也不尽相同。领导者的所有裁员决定几乎全都建立在对公司经营的考量之上。裁员和缩编对于相关的个人来说无疑是一种极大的痛苦，但是相对缺乏的职业安全感原本就是私营企业领域生活中无法回避的一个事实。

相反，公共机构吸引员工的重要原因之一就是职业安全。因为裁员或缩编在公共机关是非常罕见的，所以即便真的发生裁员事件，对公共机构本身也是一种巨大伤害。尽管在正常情况下，公职人员都有一定的职业保障，但许多人的研究发现还是令人颇为沮丧的，一旦遭遇预算危机，他们的职业保障也是非常有限的。在这种情况下，领导者面临极大的挑战，他制定决策的行为以及实施裁员的行动都与企业存在巨大的差异。领导者如何处理裁员问题不仅影响未来的士气，还会影响继续留在单位的员工对他的看法。

20 世纪 70 年代后期担任中央情报局局长的斯坦菲尔德·特纳上将曾经解雇了数百名秘密特工。按照我对当时情况的理解，他是希望借辞退信对他们这么多年来对国家的服务以及为美国安全所做的贡献表达敬意和谢意。很显然中央情报局法律总顾问对他提出了劝告，包含太多繁文缛节的辞退信可能会给遭解雇的特工通过法律起诉要求返回工作岗位提供把柄，所以那些人最后只收到了一封非常简短甚至冷酷无情的辞退信。结果不仅那些遭辞退的特工对特纳产生了深深的仇恨，就连绝大多数继续留在中央情报局工作的员工也对他愤恨不已。领导者只要是解决这类问题时并未违反相关的法律法规，他就不应该听从法律顾问的建议，也无须担心，而应彬彬有礼并充满同情地送被辞退员工离开单位。

如果面临解雇的员工人数众多，优秀的领导者一定会认真研究他们的退休资格。只要他有任何可活动的空间，他就应当让那些临近退休的员工继续工作到退休。如果他们将自己的一生献给了单位，他们的权利就应当受到充分考虑。其他员工同样会非常关注领导者在处理诸如此类事情上是否充满同情和人情味儿。

为了鼓励员工自愿辞职，有些领导者则会推出大范围的提前退休政策，不管事涉私营企业还是公共机关，领导者在这方面都必须十分谨慎。因为领导者将会发现，往往是那些他最希望留下来的优秀员工会借此机会离开，而他最希望离开的那些员工则以舍不得离开单位为借口继续留下来。一旦这种情况真的发生，领导者只能自吞苦果。

控制单位“总人数”或减少员工数量有多种可利用的机制。如果目标仅仅是防止员工总量持续增长，冻结职位总数就是一个不错的选择，设定员工数量上限或者实行总量控制，领导者就能够在员工总数不变的情况下灵活地调动、解聘或招聘员工。总量控制还可以让领导者更好地处理员工的正常流动。

如果目标是减少员工数量，淘汰工作效率最低下的员工则是最值得考虑的解决方法。这种方案既能提高单位的整体工作效率，又可以激发其他员工的积极性。就减少单位员工人数而言，另外还有两个吸引力较低的方案，即自然减员，直接取消由此造成的职位空缺和招聘冻结。这两种方案都有其自身的缺点。首先，自然减员不仅不能让领导者掌握谁去谁留的人事决策权，而且只能屈服于员工自己的去留决定。采用自然减员还意味着，除非改变现有工作方式，越来越少的员工却要承担越来越多、越来越艰巨的任务。招聘冻结，尤其对于大型机构而言，则会打乱为机构提供源源不断新鲜血液的员工招聘和培训流程。如果一定要采取这两种方案，则时间不宜过长，一般来说，不能超过一年。

上述减少员工数量的策略我都使用过。毋庸置疑，淘汰表现最差的员工是最有效但对于员工和监管者而言也是困难最大的策略。告诉一位正因为足够聪明机智才被招进中央情报局且服役多年的特工因为他表现不够优秀所以必须离开，这对于员工和领导者来说都是非常痛苦的事情。尽管在得克萨斯农工大学时我们减少了近400名工作人员，但除了35名员工外，其余所有名额都是通过我们长达一年时间的自然减员和招聘冻结实现的。2010年，作为减少五角大楼行政管理预算的一部分，我们采取了员工总量控制的策略，而且也取得了很不错的反响。

无论是私营企业还是公共机关，在缩减单位员工规模的改革中，都应当不拘一格地广泛使用各种策略。绝不能在保持单位结构和运行现状不变的情况下简单地要求越来越少的员工以相同的工作方式承担更多更艰巨的任务。这样做既有失公平，同时也缺乏效率。同样意味着失去了一次改革机会。应寻找更佳的解决途径。

A Passion for Leadership

与改革议程本身一样，预算缩减工作中的透明度是监理机构内部信任的唯一途径。

预算缩减工作的具体透明程度取决于所涉机构的性质。例如，公布中央情报局的预算详情则会泄露我们在秘密行动或卫星投资等方面新的重大预算分配。企业在新产品研发或战略改革经费预算上过度的透明则会为竞争对手提供重大机会。

当然，一般来说，涉及公私机关的预算削减时，领导者必须记住一个非常重要的问题：预算削减背后的不确定性会引致焦虑并削弱积极性。不管问题是哪几个项目将被取消抑或哪些员工将遭解雇，每一位员工都会充满压力、心神不宁，直到最终决定出炉并公之于众。只要这种不确定性依然存在，四散纷飞的谣言就不会消除，究竟会有什么样的结果或者他们会不会很快失去工作等问题让他们魂不守舍，因而工作效率就会持续下滑。

在预算问题上，我告诉得克萨斯农工大学高层领导者，我们没有任何秘密可言，没有“暗箱”。我们就酝酿中的预算方案、改革项目经费的支付方式、学费及其他费用的增长幅度，以及州财政拨款对我们预算方案的影响等重大问题广泛征求了学院院长、教师以及学生的意见建议。所有基本预算项目、建议及决定都接受了学校财经委员会的审核，而且财经委员会的观点、建议都得到了充分考虑。

在中央情报局和国防部，很显然由于安全和其他实际限制，对于具体的经费预算详情不可能在全体员工范围内进行详细探讨。即便如此，在情报系统内部，根据我的指示，情报机构管理助理同各情报机构广泛分享了经费预算方案及重大项目相关的信息，而且在经费预算制定过程中，我与情报系统各机构领导者之间开展了多次深入广泛的交流活动。尽管涉及诸多高度敏感项目，我还是尽最大可能，希望预算过程尽可能保持高层内部的透明。

国会以及各军种和国防部员工指称我在重大国防预算，特别是2009年、2010年重大项目的预算过程过分保密，他们对此提出了严厉的批评，甚至被指控为犯罪。正如之前所述，我在这一过程中排除了国防部许多员工，甚至还要求包括我在内的所有参与预算制定的最高级官员签署了保密协议。否则，就会像以往一样，许多仍在酝酿之中的项目很快就会四散传播，国会山和其他认为国防预算影响其狭隘利益的团体会提前对我们的预算项目予以狙击破坏。即便如此，实际上国防部所有高级军官和文职官员都参与国防预算每一个项目的制定并为我的预算决议形成提供了广泛的意见建议。例如，2010年的国防预算形成过程中我们先后召开了60多场会议对预算方案中的每个项目进行审核。每一位高级军官和文职官员都有多次与会机会。我坚信，在确保信息安全和防止军方在国会审议中否决我的预算方案的情况下，预算方案形成过程至少在高级领导层的开放性发挥了至关重要的作用。我必须承认所有参与预算方案制定的官员都非常清楚，在他们积极参与预算方案的形成过程并利用各种机会表达自己的心声之后，我便再也不会容忍他们对我随后即将形成的预算决定做任何变动。

预算过程中的保密性要求严格如中央情报局和国防部者毕竟寥寥。预算制定工作尽可能让更多高级领导人参与并确保预算过程对他们的开放对于获得他们对领导者制定最终预算方案的支持具有非常重要的意义，而且对提高领导者告知和安抚员工的能力同样具有重要的意义。与员工分享的信息越多，员工就越容易理解单位面临的各种选择以及领导者考虑的选项，就越能够减轻艰难的预算制定过程中不可避免的不确定性。关于人事缩编的规模以及如何执行的信息领导者分享得越多，员工的焦虑情绪就会越少。可以想象到的最糟糕的预算制定就是暗箱操作，领导者及其少数几名行政助理在没有机构内广泛参与和征求意见的情况下秘密形成预算方案并在没有任何征兆的情况下予以突袭式的公布。即便在预算问题上，信任依然是颠扑不破的真理。任何机构内，信息分享越多则意味着人们之间的信任越充分。

A Passion for Leadership

每个项目缩减一点的分摊削减是体制性平庸的最常见表现形式，是一种反改革、反卓越的领导风格。

面对经费预算削减问题，绝大多数领导者的指示犹如对理发师的要求：“稍微削薄一点点。”全面缩减以适应经费预算削减现状的方法对于领导者来说是最容易实现的，因为基本上每个部门的经费削减额度大体相当，让所有人都略感不满，经历一点点痛。国会，实际上所有民选官员，非常钟爱这种分摊削减方式，因为这种方式完全遵守了制衡定律：不要激怒任何一方。绝大多数机关领导者之所以喜欢这种方式大抵皆源于此。

这只说明了一个问题：从完成机构使命和实现改革目标的角度而言，这是最糟糕的经费预算削减方法。这就是我经常所说的管理懦弱。

美国著名记者、经济学家托马斯·弗里德曼曾经写道："如果不能为公众提供具体的选项框架，何谈领导力。"在所有我担任一把手的机构中，我都反对全面缩减的经费预算削减方法。2011 年当奥巴马总统"要求"我在接下来的 10 年中将国防部预算再缩减 4000 亿美元时，我的行动最能够生动地反映这一理念。我告诉他开展这项工作唯一负责任的方法就是授权对国防部拟开展的所有项目进行战略评估。我们必须让总统和国会理解在国防预算削减额度达到这种程度的情况下我们的哪些军事使命将无法继续履行，并且评估与此相关的风险。简而言之，他和我们必须就战略重点和军事装备采购做出艰难的抉择；但我们绝对不会选择必将极大削弱我们重要的国防装备采购的全面缩减方案。顺便说一下，当年的"扣留"方案就造成了我们最不乐见的结果，即国会强行推行的分摊缩减方案：军方开展的所有活动，从最明智最重要的到最愚蠢最无足轻重的，都缩减同样规模的经费预算。

关于经费预算，特别是遭遇经费预算削减时，领导者必须确定重点；有些项目是机构使命的核心，有的则不是。但是确定重点，也就是说要保护企业的某个项目或部门一定不能受到预算削减的影响，是非常艰难的，因为这意味着你将受到重点项目或部门以外所有员工或部门的强烈抵制。确定重点会传达出有些部门不及其他部门重要的信息，而且这也会引致敌意。即便如此，领导者需要有坚忍不拔的精神，敢于在可以缩减的项目或部门预算上做出适当削减，不管发生什么样的结果。

A Passion for Leadership

关于官僚主义行为，政客和媒体最喜欢安的罪名是浪费、欺诈，以及滥权，而且他们还往往将这三种罪名捆绑起来，视为同一类官僚主义行为。上述三种行为普遍存在于所有官僚机构，但是每一种行为都有不同于其他行为的特点和本质，因而相应的矫治措施亦不尽相同。

三种官僚主义行为中，浪费最普遍最昂贵。想要消除浪费，鉴于面临的强大反对力量，领导者必须具有无所畏惧的精神。我认为任何浪费行为并非刻意为之。这只是公私官僚机构内部的痼疾。人们受命负责某个项目，当这个项目完成历史使命或者出现偏差时，人们会理所当然地认为自己工作必须依赖于这个项目的继续运行，所以无论付出什么代价也要继续维持它的存在。另外，人们总是习惯于用自己独特的方式工作，但是，随着岁月的流逝，当自己擅长的那些工作方式再也无法提供高效优质的服务时，他们并没有改变现状的积极性。有些高级官员看到与自己级别相当的其他官员享受特殊福利和特权，他也想得到同样的享受，然后就会突破底线，以期获得更多的特权。另外一些人只是觉得豪华的办公室或者住所是他们应得的待遇。人们也认识到某个特别项目本身就是一种巨大的浪费，只是由于该项目是国会或州议会某位权重位高的议员或者私营企业内部某位高级老板的面子工程，就会得到源源不断的资金支持。换言之，一个人的“浪费”是另一个人的工作或者意义重大的项目。

改革型领导者想要在官僚机构寻找浪费现象那可是目标众多、俯拾皆是。我相信因为超标建设或装修办公楼、官舍或办公室而丢掉乌纱帽的大学校长人数比因其他各种原因遭解职的校长总人数还多。当然因浪费奢侈行为遭解职的大学校长的继任者是最大的幸运儿：继任者毫不费力地享受着前任用乌纱帽换来的舒适惬意。不过，钱还是没了，被挥霍了。中层管理者为了保护自己的领地和实现对支持自己部门的独家控制权而开展的各种烧钱行为是一种比较低调的浪费。通常情况下，大学里的每个二级学院或职能部门都会坚持拥有独立的计算机模型、独立的复印机等诸如此类的办公设备对外采购权。试图尽可能获得对任何资源的控制权，这也是大家对完全可以积极满足各部门需求的集中支持服务缺乏信心。支持性服务的整合与外包将给绝大多数学校以及其他组织节省一大笔金钱，而且许多学校已经在走这条路。但是必须有人专门跟踪低价中标外包商提供的服务速度与质量。

谈到浪费，国防部可谓是空前绝后、无出其右。当然，国防部最主要的浪费形式就是没有必要的重大装备采购、管理不善，以及开销激增。因为这些原因被我取消的采购项目包括一架总统直升机，该项目比原计划晚了 6 年且成本翻了一番，总计达 130 亿美元；一个被称为五年“发展”计划的反导动能拦截器项目，到第十四年时其成本翻倍高达 89 亿美元；一种扫描范围仅 80 千米的机载激光系统，拟装备 10 架到 20 架波音 747 飞机，每套系统价值 15 亿美元；类似的采购项目多达 30 项。上述及其他各种采购项目如果被批准将会造成纳税人数十亿美元的浪费。每一个采购项目在国防部内部以及相关企业和国会都有其强有力的支持者。

接下来要说的是国会强迫浪费。第一代 C-5A“银河”远程运输机项目就是一个很好的例子，空军根本无力承担维持该系列飞机飞行的高昂成本，而且该型号飞机确实无法继续服役，但是国会就是不允许该型飞机退役。这些庞大的飞机唯一的一次活动是他们在停机坪上被拖动。即便要求国防部削减经费预算数千亿，裁撤军队数万人，但是国会仍然不允许国防部和各军种关闭遍布全国已无任何用途的军事基地及设施的做法着实令人百思不得其解。据军方估计，近四分之一的军事设施已失去军事意义且需要关闭。立法机构强迫政府机构造成的浪费现象不胜枚举。

毋庸置疑，国防部内部也存在着巨大的浪费现象。在我们能够 5 个月内就拿出削减 1800 亿美元的行政管理经费预算方案时，我们的经费预算还有巨大的削减空间的事实也是显而易见的。正如我当时所说的，我们必须从消费文化转向节约文化。正如国防部副部长戈登·英格兰喜欢说的，国防部的经费犹如河水滔滔不绝地流入五角大楼，动辄数十亿计的日常开销鲜有被认真审查者。有些项目是大额开销，但大多数开销相对于数额巨大的国防预算总额而言几乎可以说是九牛一毛，不值一提。要查明这些资金，明确哪些开销是必要的，哪些不是，的确是一项非常艰巨的工作，但还是可以做的。

为了成功实现预算削减目标，我们在多个领域进行了努力，国防部和各军种不得不重新思考我们的工作模式并实施重大结构和程序改革。为了在不明显影响美国国家安全的前提下实现总统提出的国防预算再缩减 4000 亿美元以及国会暂扣的更大金额的预算削减目标，我们唯一能够采取的措施就是实施重大改革，并对国防部日常开销这条河流进行治理，而且这两项工作都必须自上而下地抓起。

滥权和欺诈是缺乏诚信和荣誉感的一种表现，就其本身而言，这两种行为会给有责任感的个人、整个单位，及其领导者造成不利影响。这两种行为至少是对诚信的挑战，是绝对不能姑息的。

对于欺诈和滥权的指控更倾向于政治辞令，但我觉得他们在治理资金浪费和不作为方面的重要性还是被过分夸大了。欺诈被认为是非常严肃的问题而且通常会受到相应的惩罚。在所有我担任过领导者的单位，我亲眼目睹了包括高级官员在内的许多员工因为误报时间和出勤、虚报差旅及相关经费、滥用公务飞机和公车等行为遭解雇，而且有些人甚至遭到起诉。更广泛地说，根据案件记录，许多政府官员因为受贿或经济利益冲突被捕并最终锒铛入狱。有趣的是，政府似乎比企业更愿意对涉案金额和规模较小（涉案金额和影响力巨大案件自不必说）的欺诈行为提起司法起诉，面对这种邪恶之人，企业则更喜欢直接开除，并不愿意投入大量时间、精力，以及金钱将他们送上法庭。

总体而言，特别是相对于浪费，我相信滥权造成的经济损失倒不是特别重大。我觉得这个词儿在“浪费、欺诈和滥权”语境中更多的是指违反和破坏了信托责任原则，并未上升到欺诈或犯罪的程度。这个词儿，我个人认为尤其适合近几年军方高级官员中频发的诸如差遣工作人员为自己办私事儿、滥用政府资源、奢侈娱乐，以及因私使用公务飞机等行为。但是还有更多公私机构中的大小官员沉溺于类似的滥权主义享受。尽管没有任何一位官员，像真正的欺诈罪犯一样，因为上述行为锒铛入狱者，但是他们许多人还是因此受到正式申斥、解雇，而且有些人还必须进行赔偿。

与公共机关领导者不同，私营企业机关领导者不用面对各种各样的预算挑战。关于经费预算，实际上所有公共机构的目的是获得各自选举(责任) 机构支持。这也就意味着领导者及其机构对每年能够获得多少经费支持的不确定性都是不可避免的。这种不确定性甚至使得制定一个中期计划都非常困难。另外，在公共机关改革运行方式、处理重大优先项目，或者，对改革领导者来说尤其重大的挑战——机构重组方面，民选监督机构能够提供的灵活性往往非常有限。吊诡的是，提高效率和谨慎管理纳税人血汗钱的努力得到的往往不是奖励，反倒是惩罚。如果一位领导者对经费严格管理并且到财政年度结束时没有花光每一分财政拨款，上级权力部门则很有可能认为以前给他的钱太多了，因此在下一个财年会削减给他的财政拨款。相反，花钱如流水的领导者花光了所有财政拨款，反倒很有可能获得权力部门的同情并在下一个财年获得经费增加。

这些挑战并非不可战胜。只要投入足够的耐心和时间，最终都是可以克服的。

并没有多少领导者将经费预算削减看作机会，然而，套用英国作家塞缪尔·约翰逊的一句话："只有死期才可以让人集中精神。"预算短缺为改革型领导者开展机构重组、重新确定重点优先项目，特别是在预算削减的情况下变革低效、浪费的机构运行方式提供一个最佳机会。当经费预算稳定充裕甚至处于难得的增长周期时，上述这些举措无不可以开展。但是在经济繁荣的年份推行重大改革远比在萧条年份推行重大改革艰难，因为绝大多数公共机构都有了勒紧裤带过几年苦日子的思想准备，改革者有大量的机会将我们前面谈到的策略付诸实施。

9. Reform: The Never Ending Story

改革：永远不会结束的故事

机构改革的本质就是领导者认为他成功了，很可能只是他自己成功了。如果领导者成功实施了自己改革清单上的每一个项目且不能提出任何新的改革议程，他必须得离开了。改革是一个永不停息的过程，绝非一个一蹴而就的经历，这也是领导者对改革必须具备的认识。

外部环境总是不断变化，时刻为我们创造着挑战与机会。另外，我们必须承认另一个物理定律的客观存在性。随着时间的流逝，即便完成改革的机构仍然会像受到磁引力一样回到其自然状态：麻木、自满、守旧、不思进取，以及效率低下。最优秀的企业总是不断重塑自我，永不止步于任何成功。只要想想弗吉尼亚·罗曼提领导的 IBM、史蒂夫·乔布斯和蒂姆·库克领导的苹果公司、杰夫·贝索斯领导的亚马逊网络购物中心，或者杰弗里·伊梅尔特领导的通用电气。许多私营机构和几乎所有公共机关，在经历一次改革后都会沦为那条广为人知的物理定律的牺牲品：他们会迅速适应新的现状，并像改革之前维护旧现状那样激情满满地维护它。这就意味着为了不断追求卓越与成功，领导者通常必须有一个常变常新的改革议程。与传说中“飞翔的荷兰人”幽灵船船长一样，改革型领导者永不入港。

领导者是一个机构的改革引擎，所以他的工作永无完成之日。如果他的黄色记事本上总是写满各种各样的想法、创意，他就应当继续干下去。如果领导者不能继续保持让自己的单位走向更加优秀的热情、精力，以及创造力，他则应当退位让贤。

不管是长期任职还是短期过度，改革领导者一定不能失去不断追求卓越的热情，他还必须分清表面上改革如火如荼而实际上却在倒退滑坡，而且他还要不断提出新的改革议程。在探索提高机构工作效率的过程中，领导者必须不断搅动局面。他必须是一个颠覆性角色。

优秀的领导者必须不断提出新视角、新观点、新方法。我曾在多家公司董事会任职，在那里我认识的许多负责人，尽管在同一个岗位上干了几十年，他们依然是公司最不安分、精力最充沛、最具创新思维的人。领导者必须乐于聆听，对于别人的新想法保持一种开放的心态，保持一种时刻都在寻找提高工作效率的状态。他必须不断重塑自己以及自己领导的机构。他必须面对镜子认真检视自己，确定自己对机构改革是否依然保持着足够的热情和信心。只有意志坚定的领导者才能让一个组织永葆活力、持续改变、不断创新、日臻完美。他还必须不断评估自己的属下，解聘自己之前招聘的那些无法继续推动机构不断走向卓越的暮气沉沉的员工，招聘能够重新点燃激情与绩效火焰的潜在领导者。

在中央情报局，最初我只设立了 14 个专责小组，但是几周后我发现有必要开展影响更加深远的改革，我又增设了十几个专责小组。担任得克萨斯农工大学校长期间，每次我结束休假返回学校时我的黄色记事本上都会写满我觉得还需要改革的内容以及如何提高我们正在实施的改革效率等问题的提示。奥巴马总统任命我继续留任国防部部长之后，我与我的团队又开启了艰难持久的国防部改革“盖茨 2.0”，在接下来的任期内完成对国防部内部的改革。卸任中央情报局局长和得克萨斯农工大学校长时，我只是刚刚为将来的其他改革热好身。当我决定急流勇退并将国防部部长的接力棒传给年轻的后来者时，我致力于上述改革已有两年半时间。

最优秀的企业领袖总是在不断思考新概念、新产品，以及新的经营方法。我曾在拥有红辣椒及其他众多餐饮连锁的布林克尔国际公司董事会担任董事，该公司总部大厅陈列着许多公司收购以及后来出售的餐饮品牌：非常骄傲地向参观者展示他们不断追求革新观念、扩大经营的新途径，以及主动放弃失败的创新改革等。我曾担任富达共同基金独立董事长达 9 年时间，该公司是由内德·约翰逊执掌的一家大型投资管理企业。在这 9 年里，该公司的主办机构总是在不断测试新的投资方案以及更好地为客户提供服务的新方法。例如，正是由于约翰逊的远见卓识，富达共同基金提前好几年斥巨额资金建立了管理其他公司401K投资计划的支撑结构，直到今天，该公司依然占有美国该项业务的绝大部分市场份额。有谁会想到，作为一家咖啡公司，星巴克竟会率先在零售环境使用手机完成下单和支付？成功的企业领导者永远不会满足于现状。我目睹过许多永不满足的CEO即便在年景最好的年终总结会上依然警告他们的董事会和员工抵制自满情绪，要求他们思考新的改革和增长建议。

确定一个领导者应当继续留任还是理智让贤最具说服力的考验是看其是否能够批判性地评估他自己已实施的改革和之前的想法，并提出改进的方案。如果上任相当长的一段时间后他能够回过头像当时评价其他人的工作一样对自己的工作业绩做出客观评价，那么他很可能依然具有继续前行的勇气。如果一个领导者发现他开始竭力维护自己创造的现状，如果他不能检视自己任命的高级官员，并对他们究竟是依然在不断成长且变得越来越强大、领导艺术日趋高超，还是已达到顶峰做出批判性评价，如果他对自己的所有工作、想法，以及所任命的高级官员的评价是“令人满意”，毫无疑问该是他退位让贤的时候了。

对领导者来说，最重要也是最持久的责任是理解改革环境对自己机构的影响力，期待新的改革需求，并不断提出新的战略。紧随其后的重要责任是追求能够让自己的机构不断走向更加人文、高效、经济的途径。

领导者一旦推出自己的一整套改革方案之后，通常需要纠正明显的问题，他应该如何决定接下来应该怎么做？他接下来将有什么样的行动？部分答案非常简单：新问题往往不可避免，外部环境也在不断变化。他的挑战是如何让自己的机构不断适应持续变化着的形势。

今天的公私机构领导者所面对的工艺技术、企业文化、顾客预期以及政商环境的变化节奏之快是前所未有的。特别是随着各级政府更加深入地侵入民众生活的各个角落，他们“门难进、脸难看、话难听、事难办”的令人倍感挫折的官僚主义作风只会与日俱盛。适应当今的新世界对于公共官僚机构来说是一个巨大的问题，2014 年围绕退伍军人事务部的一系列丑闻、奥巴马医改新政网站瘫痪，以及对飓风卡特里娜和桑迪的迟钝反应等都是非常生动的例子。政府令广大民众失望的官僚主义行为真可谓令人深恶痛绝。

在这个瞬息万变的世界，中央情报局情报搜集工作的重点目标必须不断做出相应调整，为了适应新技术和新环境，情报工作的技巧方法也必须做出相应改变。20 世纪 70 年代后期，中央情报局没能及时注意到宗教激进主义的出现，也没有预测到伊朗革命的爆发，或者说没有预判到我们在伊朗北部对于跟踪苏联导弹研发具有十分重要意义的技术情报搜集网点的突然损失，也没有预估到我们在同中国前所未有的伙伴关系中快速恢复的能力。冷战结束后，外交机构总是无法为我们提供威胁美国国家安全的情报信息，因此中央情报局必须积极加强独立于国家机构以外的特工行动以获取更多更有价值的情报。我们在伊拉克战争和阿富汗战争中形成的全新的情报工作方法实现了实时情报与军事行动融合的良性循环。直到 2013 年末，乌克兰东部并不是中央情报局的重点关注地区之一，但是仅仅几个月之后，它很有可能成了中央情报局最关注的地区。伊拉克和叙利亚境内“伊斯兰国”恐怖主义组织的出现也是这种情况。在情报世界，适应能力至关重要。

军方情况亦是如此。在过去 40 年里，所有文职官员和军事领导者对接下来、甚至半年以内我们将在哪里使用武力的预测纪录堪称完美：我们的预测没有一次是正确的。格林纳达、海地、巴尔干半岛、索马里、巴拿马、伊拉克（甚至发生了三次战争：1991 年、2003 年和 2014 年）、利比亚，或阿富汗都没有预测到。随着我们因为乌克兰东部局势与俄罗斯以及因为中国东海、南海问题与中国的关系日趋紧张，我们需要依赖最先进的现代化战争手段，形成威慑力是最理想的结果。随着“伊斯兰国”恐怖主义势力在尼日利亚、肯尼亚、马里，以及其他非洲国家和地区肆意扩张，对这些地区反恐力量的培训和装备的需求同我们与大型民族国家之间的军事行动大不相同。因此我们需要建设具有高度适应能力的军事能力。

即便是在大学，新的学术项目、科学技术、金融挑战、学生不断变化的需求与兴趣，以及绝大多数四年制学位是否物有所值等问题都需我们现在和将来具备高度的组织和概念敏感性，这些能力在几十年前根本是闻所未闻的。

为了更好地实施让机构变得更加人文、高效、经济的第二项任务，在过去多年里，我试验了一个又一个时尚概念：目标管理、零基预算、标杆管理法。我的实验方式更加简单，而且采用了我之前所描述的各项技巧。领导者应当时刻关注机构的使命并提醒自己，员工才是完成使命的人。他应当要求一线员工，与公众或客户打交道的那些人，弄清楚问题所在，以更加高效、更好地做好工作。

多年以前，日本人提出一个称为“持续改善”的企业经营理念，基本意思是逐渐、连续地对机构的各个方面加以改善，这一理念适用于包括工程、信息技术、金融、商业、社会服务，以及制造业在内的各种行业企业。当今全球许多企业已将这一管理理念广泛应用于自己的企业经营实践之中。该理念有一个开放的途径，鼓励所有员工，特别是企业车间、销售一线的工作人员，积极地提出或大或小的改善建议。尽管作为一个企业管理理念被提出，我认为持续改善理念同样适用于公共官僚机构。

持续改善理念背后的核心观念非常重要：理解机构的所有事情总是可以持续改善的，任何部门的每一位员工都能够为机构贡献自己的才智。按照我的观点，改革型领导者的工作永无完成之日。你如何才能让官僚机构慢慢接受持续和动态的变化这种与官僚机构文化风马牛不相及的概念？

像日本人采用改善管理法一样，领导者应当通过激励机制鼓励员工就如何提高机构的工作效率献计献策。他不能只是象征性地设置一个意见箱。他应当培养所有员工的团队意识，保持思想、行动上的一致，不能还是以前的各扫门前雪、躲进小楼成一统的旧思维旧方法，要让团队协同常态化。领导者需要打破原有的条块化小利益格局，让每一位员工跳出自己的工作圈子，从整体的视角思考如何让机构更加优秀。领导者应当激励员工思考问题时不要总是着眼于“自己的一亩三分地”。

各级管理人员应当定期深入自己的员工中间，真诚探讨并听取如何更好地提高工作效率和服务公众/客户的建议。这些管理人员必须负责持续地收集提高工作效率的建议并予以付诸实施。对于提出高质量建议的员工，领导者必须予以公开表扬和奖励。正如我之前所说的，完成使命的不是体系，而是员工。领导者必须努力采用我之前描述的各种技巧、方法，不断挑战和改变现状。

谈到提高工作效率的技巧，有一个耳熟能详的口号："评估你看重的，看重你的评估。"如果使用得当，统计指标在跟踪和评价各个领域工作效率的改进方面具有不可估量的价值。当然，根据我的经验，统计指标也存在风险，如果一味地追求统计学意义上的成功，人们就无法意识到这种过度依赖数字的评价思维不仅会扭曲现实，而且还会导致无法预料的后果。

越南战争期间，由于美军驻越南战场司令部决定以杀死敌人的数量作为评价战果的一个重要指标，因此为了尽可能获得最大的敌人死亡人数，从而致使尸体统计中出现夸张虚报，甚至将贫民死亡人数统计到敌人死亡总数里的现象也时有发生。这些数字，反过来又会误导军方高层，让他们误认为我们的战果比实际情况理想得多。许多大学将扩大少数族裔学生招收规模这个非常有价值的目标变成了一个数字游戏，他们一味强调增加少数族裔学生的招收数量却根本不考虑这些学生是否有能力顺利完成学业。为了提高排名，许多高校甚至篡改数据、偷换概念。20 多年前，甚至连童子军系统都饱受过分强调数量扩张之苦。为了显著提高童子军招募数量并获得相应奖励，一些地方的童子军委员会在招募过程中存在舞弊行为。所有人对学校采用标准化测试评价师生教学成果的弊端并不陌生，这种评价实践迫使教师"为了考试而教”，根本不愿意也无法对学生进行更加全面广泛的教育。空军洲际弹道导弹部队对飞行员在测试中须取得近乎满分的要求导致诸多广为人知的舞弊丑闻。在退伍军人事务系统，领导者制定了退伍军人必须在 14 天以内得到妥善安置的规定，所以当 14 天的期限已到但安置工作还没有完成时，他们就会捏造安置数字。正如我在《职责》一书中提到的，军方医疗系统引用大量统计分析以证明将阿富汗战场上的救伤直升机的平均起飞间隔时间由两小时缩减为一小时对于提高伤兵的存活率没有显著意义，但他们却忽视了这种改变会对前线陆军和海军官兵士气所产生的影响。同样的道理，许多企业，不管是制造业还是服务业，销售或其他业务总量的片面提高会掩盖威胁品牌生存的质量下滑，美国汽车制造业在 20 世纪七八十年代经历了这样的惨痛教训。

在上述及其他无数案例中，完成指标变成了制定指标的最终目标，而且许多机构因此犯了巨大错误。即便有些机构并未发生舞弊行为，将工作重点放在完成统计指标的工作理念，就像阿富汗战场上救伤直升机起飞频率案例一样，即便不是破坏性的，最起码也是扭曲的。统计指标是一种工具。对于究竟是合理使用还是滥用的问题让我想起英国著名文学家、历史学家、诗人安德鲁·朗格说某人的一句话：“统计数据之于他犹如路灯柱之于醉汉——支撑而非照明。”

在评价员工工作业绩时绝对不能割裂统计指标同包括产品或服务质量、积极性、友善，以及特别是员工助人为乐等在内的其他无形因素之间的内在联系；尽管这么做可能需要花费更多时间而且有可能因而违反了上级制定的响应时间指标，但这种付出可以将冷冰冰的官僚机构转变成一个积极、热情并让公众感受到人性的服务机构。让统计指标成为指路明灯而非防止自己摔倒的支撑。这对于公共机关和企业都大有裨益。

A Passion for Leadership

领导者应当冷静客观地看待自己的改革举措并且勇于真诚反思，或者诚恳接受同事的意见，承认某些改革项目的失败并立即终止。

我亲眼见过许多政府和企业领导者对某些存在明显缺陷的想法固执己见，长时间不肯放弃，仅仅因为那些想法是他们的心血。领导者应当明白并不是每一个想法都能开花结果，值得推广。

来自纽约的前国会参议员罗斯科·康克林说过："当约翰逊博士将爱国主义定义为无赖最后的避难所时，他并没有意识到'改革'一词当时尚未形成的功能和用法。"这一辈子丰富的人生经历让我深刻体会了意外后果定律，甚至改革定律。就个人经历而言，我敢说改革并不一定会带来更好的结果。所以你如何才能避免越改革越糟糕的结果呢？正如英国著名历史学家爱德华·霍列特·卡尔所说："改变是确定的。进步则不尽然。"

在前面的章节，我一直在努力将"改变"与"改革"联系到一起，以明确我所倡导的改变其目的在于提高机构的工作效率，如果所涉及的是公共官僚机构，还希望能够将他们变得更加勤政爱民。但是改变的结果并非总能尽如人意。在所有我工作过的机构，我都见过有些领导者使改变误入歧途或者适得其反。从中央情报局考虑不周的重组方案到得克萨斯农工大学行政官员和学校董事会指定的片面错误的各项决定，到国会授权制定的实际上根本不可行的白宫行政改革决定，再到国防部内部的一些特别决策，我看到许多结果令人大失所望的改变。

企业领域决策失误的例子也不胜枚举。想想20世纪50年代中期的福特埃德塞尔轿车和20世纪80年代的新可乐。更广泛地来看，有些面临挑战的零售业连锁，新上任CEO的错误决策将他们带入歧途，问题愈演愈烈，甚至在某些案例中，断送了企业的性命。作为天合集团董事会成员，我亲眼目睹了这家百年公司由于一个错误的收购决定最终让其咽下被吞并的苦果。有许多重大兼并收购最终并没有真正发生，而且2008年的金融危机在很大程度上也应归咎于大型企业的重大决策失误。

不管是在公共领域还是私营企业，没有任何一位决策者故意将机构带入歧途；就个人而言，我相信他们无不坚信自己明智之举一定会让机构变得越来越好。因此，领导者如何才能避免仅仅为了水面的变化而毫无意义地搅动水，或者如何才能避免造成更坏结果的改变呢？

我们必须承认生活中没有什么事情是确定的，特别是说到避免犯错误，但我相信一定可以找到将改变出错的机会降到最小的方法。每个决定都有风险，但是领导者可以在自己的任期内通过不断使用我谈及的各种技巧对自己或者他人的变革理念进行测试以降低这种风险。具体来说，他对自己的想法应当保持透明和公开的态度，广泛征求机构内外利益相关者的意见。他必须认真听取员工的心声并鼓励他们坦诚布公地提出建设性的批评建议。在这方面，亚伯拉罕·林肯堪称楷模：“每当有了想法，如果不能上上下下前前后后广泛听取意见，我总是不能安心。”关于自己提出的改革想法，领导者听取的意见也许根本不会影响他的决定，或者可能让他修正自己的计划，抑或让他完全抛弃它。但是如果他继续实施，他将从对改革想法的全面审查中获益良多，将会对潜在的风险、缺陷、缺点，以及批评有一个更加充分的心理准备。

勇敢面对。做一个颠覆性的改革者是一种有风险的行为，不管时间多长。即便一个领导者身居其位多年并且成功开展了无数次改革，他追求的每一个新改变都有可能是一着错棋。不经历一些失败，他永远不会变得足够勇敢。

A Passion for Leadership

如果你是包括绝大多数高校在内的、拥有强大文化传统的某家机构的领导者，你需要明确该机构的文化传统中哪些要素你一定要热情拥抱并努力发扬光大，哪些要素必须予以改变才能有利于将来的成功。如果你被视为机构核心文化的坚强拥护者，你在改变不太重要的文化传统时遇到的阻力就会小很多。

前面的章节都集中在改革上：如何启动、如何不断推进，以及永远不能骄傲自满的必要性。但是在任何改变行动中，你需要明确该机构的文化传统中对于机构的过去及未来成功具有至关重要意义的核心传统和文化要素是什么。并非所有公共机关和私营企业都拥有深厚的文化，但是许多都有。

我担任一把手的三家机构都有着极其深厚的文化和神圣的传统，但是三家机构最重要的文化特点却是相同的：强烈的归属感。在讨论绝大多数最成功的企业最具典型的品质时，《追求卓越：美国优秀企业的管理圣经》的作者同样给予了归属感不可替代的重要地位。

在我领导的每一家机构中，所有人都必须做出彼此不抛弃、不放弃的承诺，特别是在身处逆境或者真正有需要之时。在中央情报局和军队/国防部，由于固有的职业风险和人员牺牲时有发生的现实，职衔与受伤人员以及烈属是密不可分的。军方/国防部隆重庄严的军人葬礼广为人知，中央情报局纪念情报行动中牺牲的特工纪念墙和英灵录则相对低调了很多。在这些行为的背后，两家机构给那些部署在海外的人员家庭给予了非常广泛的支持。更为重要的是，不管任何时候，军队之家和中央情报局之家永远为他们敞开。

同样，得克萨斯农工大学最核心的传统也是与学生之家相关。如果有在校生死亡，不管因为任何原因，学生之家都会于下个月第一个星期二的晚上在校园中心举办一个名为“银丝带”的悼念活动。学生之家会一直陪在现场，而且参加悼念活动的学生一般都有 10000 人，但是活动现场寂静肃穆，只能听到丧葬号的演奏声。同时农工大学学子每年都要举行一次集体追思活动，以悼念上一年死亡的所有学生。除了主校区 12000 多名学生和其他人员参加的这种集体悼念活动外，同一天，全球其他 400 多个地方也会举行相似的集体活动。从更为乐观积极的角度讲，由于许多毕业多年的老校友都非常愿意借助这个被称为“农工人网络”的组织帮助刚毕业的学弟学妹求职就业，所以这个组织引起许多高等院校的艳羡。得克萨斯农工大学赠送给每一位毕业生的“农工人戒指”是他们求职、交友、求助的通行证，是农工人之家恒久力量的物化象征。

三家机构都有庆祝各自历史、特色以及服务国家（得克萨斯农工大学的 7 名学生在第二次世界大战期间获得过荣誉勋章）的传统典礼和仪式。每家机构的员工（学生）都坚信外人根本无法理解让自己的机构独树一帜的特质是什么。从消极的方面来说，滋生这种自豪的狭隘、持久的不当理念和行为却很容易理解，因为这些都是他们的传统。

我领导的三家机构都面临着重要的文化挑战。例如，改变中央情报局文化，使其在与国会打交道时更加开放透明是中央情报局自 20 世纪 70 年代中期以来的一项重要工作。为了让女性特工获得与男性特工平等竞争海外谍报活动负责人的权利，我们经历了一段艰苦卓绝的长期斗争。长期以来，谍报特工在情报分析师的眼里就是四肢发达、头脑简单的“大猩猩”，反过来他们在特工眼里就是一群幼稚、脱离实际的书呆子。让四大军种更加协调一致地工作是国防部过去 60 多年以及未来多年的一项重要工作。接受同性恋和女兵入伍、认可女兵在战斗中的作用，以及防止性侵犯是国防部打了多年的硬仗。得克萨斯农工大学在 20 世纪 60 年代也面临着许多特有的文化问题，但最终都被意志坚定、颇具改革意识的时任校长詹姆斯·厄尔·路德一一化解，从而让其走上正轨。接任得克萨斯农工大学校长后，他将这所纯军校大学改变成由学生自由选择是否参加军训团的普通综合性大学。在此期间，他还整合二级学院资源，将这所以往只招男生的学校改为男女生兼招的大学，并招聘世界一流的师资。当时的学生都认为他在毁灭这所大学以及他所代表的一切文化价值，但是很有可能正是他的历史性改革在挽救这所大学的同时还设法保留了他的核心文化。当时的万人嫌，如今却受万人敬仰。

许多企业创造了包括鼓气大会、顾客至上在内的非常深厚的文化。星巴克的企业文化是我见过的最强大、内涵最丰富的企业文化，正如我之前说过的，我曾在该公司董事会担任董事。在我看来，对员工的利益、尊重、机会等方面格外用心，以及强有力的企业社会责任承诺和领导力是星巴克企业文化的两大支柱。在那里有一种非常真切的归属感。我相信许多其他公司也有相似的强大企业文化，而且在数量上很可能远远大于公共官僚机构。

每领导一家机构，我的做法都是尽可能加强该机构有利于提高员工归属感、服务和奉献社会自豪感的文化因素和相关传统的建设，与此同时努力消除不利于将来改革成功的活动和行为。我努力打破机构狭隘的文化观念，加强同其他重要机构之间的交流沟通，争取对公众和立法机构更加透明开放。

既不能颠覆或挑战对于机构过去的成功以及人们对机构的忠诚具有至关重要意义的机构文化，又要让机构发生重大变化，这对改革领导者来说是一个非常艰巨的任务。

A Passion for Leadership

改革领导者应当将官僚机构改革或者制度转型视作马拉松而非短跑。

我常常问自己，作为领导者我推行改革的速度和强度是不是超越了机构上下能够承受的范围，即我是不是给我的副手及他们的下属的任务太重了。

中央情报局和情报系统之前的改革整体上来说是缓慢、渐进式的。当然在海军上将斯坦菲尔德·特纳、威廉·科尔比以及詹姆斯·施莱辛格等人担任局长时可能会有一些急风暴雨式的行动和重组。但是总体而言，直到我成立涉及情报系统各个方面以及众多中层干部和工作人员的数十个专责小组之前，在日常工作方式上，改革基本上是一种日积月累的行为。紧迫的期限显然可以给每个人形成压力。截至 1992 年夏天，第一轮专责小组全部完成了各自的任务，到当年秋天，我已做好了发动第二轮全新改革的准备，而且有些改革项目与第一轮改革议程一样影响深远。乔治·赫伯特·沃克·布什竞选连任失败以后我决定与他一起退休离职。我总会想起自己带着那个写满新的改革想法的黄色记事本离开时发出的一声轻松的叹息。

在一所规模庞大的大学开展一场速战速决的改革项目几乎是不可能的，因为有太多错综复杂的利益群体，很难就任何改革提议达成一致，更不用说付诸实施。在得克萨斯农工大学，新招聘 450 名教师、开始兴建价值数百万美元的学术大楼、改变师生在校务决策中的角色、开设一个新的本科学位、提高师生族裔多元化，以及其他更多改革举措都为全校教师、职员，以及行政人员增添了新的重大负担。例如，新进一名教授要涉及教师遴选委员会、学科组组长（或委员会主任），以及院长等众多机构或人员，而且这一个过程下来也会花费所有相关人员的大量时间。仅工学院一个部门在 4 年内要完成 100 个新教师的招聘任务。当我卸任得克萨斯农工大学校长职务准备赴任国防部部长时，我的黄色记事本上还有许多未曾实施的改革想法。

我觉得 2011 年我退休时，国防部的员工也已精疲力竭了。国防部负责的伊拉克战争和阿富汗战争分别进入第八年和第十年。耗时费力、充满压力并最终导致 36 项重大采购项目遭削减或者直接砍掉的 2009 年经费预算削减运动和 2010 年削减 1800 亿美元行政管理经费的努力让高级军官和文职官员苦不堪言。2011 年春，总统要求国防部在接下来的 10 年内再削减经费预算 4000 亿美元。当我离开时，我们基本上完成了撤销“不许问，不许说”法案，允许同性恋者服兵役。与离开中央情报局和得克萨斯农工大学领导职位时的壮志未酬、遗恨颇多不同，因为即便在我离开国防部后，新上任的领导者还是要继续打完阿富汗战争并完成另外 4000 亿美元预算削减的战略评审，明确哪些战力和任务必须放弃，紧接着是当年秋天国会对国防部 5000 亿美元预算削减方案悬而不审的疯狂行为。

我觉得公共官僚机构之所以不能适应短平快、强度高的改革主要是因为他们经历的这种改革太少了，他们就像身材严重走形的运动员被要求完成 10000 米长跑。我曾一度认为中央情报局和得克萨斯农工大学在经历了快速变革后都需要一个相当长的巩固期，让人们对所有改革结果予以融合吸收。但现在我非常确信，改革过程的休息期实际上就是在邀请他们放松神经并重拾旧的坏习惯。

相反，优秀企业的员工们面对竞争对手、市场，以及投资者持续不断的压力，改革创新就是他们每天的常态；他们一旦放慢脚步或者放松神经，他们将永远失去市场竞争力。他们不能有一时一刻的懈怠或者喘息。

在公共领域，一个充满活力的改革应该被视作优秀机构文化建设的开端，这种文化实质上就是一种永不满足于现状、勇于奉献、敢于承诺时刻竭尽所能地为人民/客户服务的理念和意识。改革领导者应客观坦诚地检视自己是否还有精力和想法继续推动机构更上一层楼，如果答案是否定的，他就应主动退位让贤。他的改革议程应符合机构的核心价值与文化，并且充分利用这两者协调一致形成的合力。

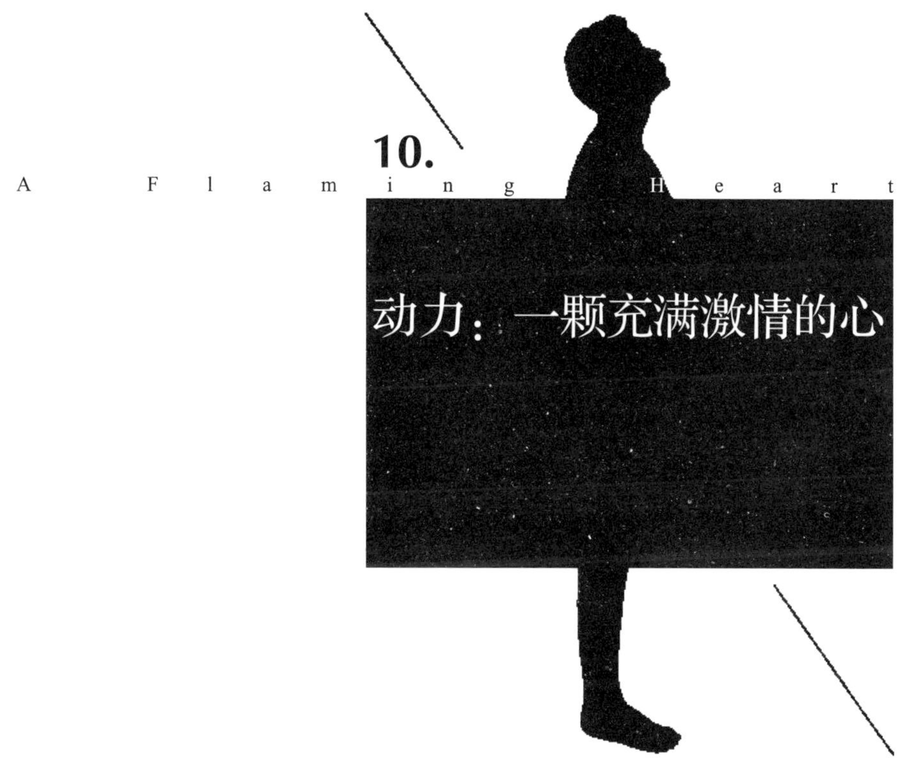

10. A Flaming Heart

动力：一颗充满激情的心

在堪萨斯州威奇托市童子军第522团时我被任命为小分队队长，这是我人生中的第一个领导职务。没有什么事情比让人去做他们职责以外的事情更能锻炼或检验一个人的领导能力，特别是这群人都是十二三岁的小孩子，而你只比他们年长一两岁。1959年7月在新墨西哥州菲尔蒙特童子军训练营参加的全国青年领袖培训项目是我第一次接受领导力培训。时年我15岁。那也是我人生中最后一次正规的领导力或管理能力培训。

互联网和书架上充斥着各种如何成为一名杰出领导者或经理人的文章或书籍。几乎所有高等院校都有相关的学位课程，而且许多公司和政府机关都会提供或要求那些致力于仕途的人参加这种培训。在我看来，领导力和管理能力总是被混为一谈，实际上，这两者之间存在着非常大的差异。在我的字典中，经理人/管理者就是“授权管理或指导一个机构或企业的人……在行动或资源处置中行使处理、指导、决定或管理等权力”。众所周知，优秀的经人至关重要。任何事业，无论是企业、高校、政府机关，抑或其他机构，都需要具有管理技巧的人：金融、营销、后勤、计划、公关、采购、招聘、制造、运行、人力资源、信息技术，以及其他众多技术。所有这些人需要真才实学，而且对任何事业的成功都是不可或缺的。

然而，我坚信领导力远不是上述这些技巧的总和，远不是管理出色。“领导者”的最佳定义，正如我在之前章节中讨论到的，就是“指引方向的领路人”。我们的确需要优秀的经理人/管理人，但是我们更加亟须优秀的领导者。

我的领导力正式培训尽管在1959年夏天就结束了，但是在接下来的50年里，现实生活对我的领导力教育从来没有停止过。通过优秀或糟糕的老板，通过与这么多总统以及观察国内外无数其他领袖，通过与众多企业或大学高级领导者共事，我学会了如何成为一名优秀的甚至伟大的领导者。我也希望能够借此机会将我的经验教训总结于此，希望与读者共飨。

德怀特·艾森豪威尔1943年给他儿子写道：“可以通过勤思敏学和实践获得的一种素质是领导力……这个理念在于让人们同心戮力……因为他们情不自禁地想要为你做事……最重要的是你必须忠于职守、诚实守信、公正公平，情绪饱满。”忠于职守。诚实守信。公正公平。情绪饱满。正规教育可以培养出优秀的管理者，但是无法培养出优秀的领导者，因为领导力与其说是一种知识，更不如说是一种智慧。每家机构如何教育自己的员工（学生）勇敢、正直、关爱、幽默，以及寄托美好未来的能力？哪一种培训项目可以灌输个人性格和荣誉呢？

领导力的核心素质是处理人际关系的能力——同情、理解、启迪，以及激励。许多年前，我读过一个发生在美国独立战争期间的故事，华盛顿将军在巡查军营时遇到一位名叫约翰·布兰特利的列兵。偷喝了酒并且有些微醉的布兰特利问华盛顿将军可否与其共饮。将军拒绝了他的邀请，说道："我的孩子，你没有时间喝酒。"就在将军骑着马将要离去时，布兰特利大声吼道："让你的高尚灵魂见鬼去吧，你就是不屑与普通士兵喝酒。"华盛顿又返回来，说道："来，我跟你们一起喝。"布兰特利的酒壶在人群中转了一圈。就在将军上马准备离开时，布兰特利大声对华盛顿说："从今往后，我如果不为你流尽满腔热血的最后一滴，我将死无葬身之地。"一次面对面的接触就换得了至死不渝的忠诚。这是课堂上永远也学不到的。

如果你根本不喜欢或不尊重绝大多数人，或者如果你总觉得自己高人一等，你很可能不是一个好领导人，至少在民主国家是这样。仅仅因为身处机构金字塔的顶端就让你颐指气使地要求别人按照你的意志去做事的事实并不能必然让你成为一位领导者。你只是一个老板。

不幸的是，在我们现在所处的时代，民众对通过机构改革提高他们的生活水平根本不抱任何希望。绝大多数美国人并不认为许多机构在致力于改善民众的生活。的确，民众现在都非常反感在他们看来将

他们的生活变得更加复杂的包括政府机构和大型企业在内的机构及其民选或任命的领导人。联邦政府层面，就整体而言，国会比头虱更加令人生厌。然而，早在100多年前，马克·吐温就写道："假设你是一个白痴。再假设你是国会议员。对不起，我说重复了。"国会议员们只关注狭隘的利益以及如何赢得连选，早已将共和国奠基者们为之奋斗一生的国家利益抛诸脑后。

尽管观察人士都喜欢批评乔治·沃克·布什和贝拉克·奥巴马都非常极端化（我觉得是正确的），但他们都忽视了一个事实，即过去80年美国13位总统中只有艾森豪威尔、福特和老布什没有激起另一党派成员内心深处的憎恨，甚至连厌恶都没有。即便在最低迷的时候，无论小布什还是奥巴马的公众支持率的降幅都没有杜鲁门总统的遭遇严重。正如我在《职责》中描写的，我父亲，一位共和党小企业主，曾经称富兰克林·罗斯福总统"那个该死的独裁者"。

然而，1947—1948年期间，尽管当时的政策与今天一样极端和糟糕，鉴于共和党控制着国会参众两院，杜鲁门向国会山提出了包括扶持欧洲复兴的马歇尔计划、建立北大西洋公约组织、重组我们整个国家的安全体系（《1947年国家安全法案》），以及向希腊和土耳其（我们遏制苏联政策的前沿基地）提供援助等在内的一系列历史性议案。特别是由于来自密歇根州的参议员阿瑟·范登堡和共和党国会议员理查德·尼克松的支持，杜鲁门的所有议案都获得通过并形成了法案。

在我的职业生涯中，我们国家的政治生活先后因为越南战争和"水门事件"以及随后的尼克松辞职发生重大震荡，这两次事件有一个共同的特征，即政府官员大面积诚信缺失并最终导致公众对政府支持的断崖式下跌。在随后的几年中，石油禁用、利率和通货膨胀（达到

15%以上）、“伊朗门”丑闻、克林顿的“拉链门”丑闻、基于错误情报的伊拉克战争、大萧条，以及其他一个又一个丑闻或失败让美国民众一次又一次地彻底相信美国政府腐败无能，领袖撒谎，绝大多数官员腐败无能。

尽管如此，与1947—1948年期间的情况相似，在20世纪90年代和21世纪最初几年的动荡时期，仍然有许多国会议员原意摒弃党派嫌隙，通力协作。因此，许多基本工作，诸如通过财政预算等都能顺利完成，一系列重要法案也获得了通过，例如，老布什政府时期的《清洁空气法修正案》，克林顿政府时期的福利改革，2001—2002年的一系列反恐行动法案，以及其他更多法案，所有这些工作的完成无不有赖于两党通力协作和共同支持。这些主要归功于那些为了维护国家利益大计而将国家利益放在政党利益之上的数十名参众两院议员的努力，我称他们为搭桥人。这种人，在今天已成了濒危珍稀物种。

尽管政策肮脏、国会议员自私自利、总统频频引发强烈的敌意等在美国政治生活中绝非什么新鲜事，但是两党在推动国家发展或保护国家利益的立法方面完全对立的现象的确是前所未有的，而且也是非常危险的。中庸变成毫无原则的妥协、出卖利益的同义词。连政府机构的常规经费预算都无法通过，更不用说解决诸如移民、日益老化的基础设施、表现欠佳的学校，以及长期财政困难等更加严峻的问题，我们今天的政治阶层是玩忽职守、失职渎职的集大成者。

过去几年里，面对两党争夺国会控制权的焦土政策以及极左极右两派誓不妥协的立场，国会几乎什么事情也没有做。这些年国会只“改革”退伍军人事务部，因为反对就相当于自掘坟墓；通过了平价医疗法案，因为这项法案涉及全体美国民众的利益以及15%的美国经济，而且是在共和党全票反对或弃权的情况下获得通过。如果再想一想我们那两位从来都不愿意花费时间和精力前往国会山努力促成妥协、直面反对的总统，您就彻底绝望了，我们都明白我们的政府为什么被实实在在地抛弃了。

关于我们国家政治顽疾的评论专著我写了好几部，毋庸置疑，其历史和原因远比我所能描述的复杂得多。但是由此产生的政治瘫痪众所皆知，而且人们对于近期情况得以好转的主流预期仅仅是民众的悲观程度的变化。

在这种情况下，最想当然的想法就是让胸怀韬略的人至少对联邦政府层面的官僚机构进行改革，但这根本就像用一根长矛大战风车的堂吉诃德。毫无疑问，到处都是悲观主义者。弗朗西斯·福山在《外交》杂志 2014 年 9/10 月版刊文指出，越来越多针对行政部门的合法性检查降低了“政府的质量和效率”，而且对政府服务能力的更高要求又赋予了“行政部门新的授权，根据以往的经验，要完成这种任务如果不是完全不可能，最起码是非常困难的”。他总结道，这两个程序都会“导致政府的官僚自主性下降，这反过来又会使政府变得僵化、缺乏创新、政策缺乏连贯性”。福山引用著名学者保罗·赖特的话：“看起来联邦政府雇员对酬劳的动力比对使命的动力大多了。误入歧途从事了一个无法与企业和非营利组织相媲美的职业，受困于没有足够的资源履行自己的职责，受挫于奖优惩劣的不痛不痒，他们因而失去了对所在机构的信任。”对于地方和州政府雇员，福山很可能也会用同样沉郁的评价。

然而，作为一个为公共服务奉献一生的人，我与无数来自州政府或联邦政府各个部门或机构的员工一起工作过，所以我相信福山关于他们对酬劳的动力比对使命的动力大多了的论断是错误的。尽管我基本上同意他关于政府机关工作人员面临挑战的论述，我坚信绝大多数政府雇员之所以继续坚守岗位还是因为他们对自己所在机构使命的信仰和忠诚，而且，这也为领导者开展机构改革提供了良好的机遇。

另外，州和地方层面的情况就简单多了。许多州都有平衡预算的宪法要求，这就要求，不管受哪个政党控制，立法机关必须做出严格及时的预算审核决定，而且在州和地方层面，有许多改革与治理方面的成功实验，这些都可以为解决相应层级机构改革中遇到的问题提供潜在的经验和借鉴。另外，州长和市政管理人员必须直接向市民和选民服务，这就迫使官员们在工作中，即便不是为了自己的政治理想，一般都会坚持求真务实的态度。如果街头犯罪此起彼伏，垃圾遍地，或者积雪封街，不管具有什么样的政治色彩，市长都会面临重重麻烦。

之所以写这本书，是因为我相信福山所指出的公共服务领域面临的这些挑战都是可以被才德兼备的领导者克服的，而且，最重要的是，解决我们面临的更大的政治问题并不是政府机关改革的先决条件。机构改革的目标是让我们的政府行政效率更高、成本更低、速度更快、用户体验更佳，实施严格积极的奖优惩劣的问责制度。这种乐观对我来说是非同寻常的。许多年以前，《华盛顿邮报》就称我为国家安全领域的屹耳。该报说我像艾伦·亚历山大·米尔恩《小熊维尼》中的这个角色，总能从每一线希望中找出最悲观的可能。但是说到官僚机构改革，我是一个十足的乐天派。

功能失调的政治环境本身并非官僚机构改革不可逾越的障碍。毕竟，严格来说没有多少机构改革是在政府瘫痪之前开始的。不管是在什么级别的政府，无论国家政治有多么腐朽，本书中的建议对任何领域的改革都会大有裨益。

当然，在公共领域遭遇公众强烈不满的同时，私营领域也未能独善其身。这不仅指对美国企业领域造成重大伤害的安然公司（2001）、世界通讯公司（2002）以及伯纳德·麦道夫高达数十亿美元的庞氏骗局。汽车制造业等大型行业以及金融机构出现了严重的管理失误，而且由于通常是自私自利的政府的错误指导和政治决策，金融危机引发的大萧条让绝大多数美国人的家庭净资产严重缩水，造成数百万民众失业，破坏了数百万人的退休计划。

尽管广大媒体都将注意力集中在经营不善或者违法行为上，在我看来，更广泛地波及美国企业领域的却是领导人失败，而且，通常是德行败坏：妄自尊大、刚愎自用、漠视员工命运，疏于对行为失范或金融不法行为的问责，信奉权高者自然位重，诸如此类，不一而足。不管人们对近年来高管与普通员工之间的薪酬差距的增长幅度或原因的态度是什么，公众的认知度严重下降却也是不争的事实。正如自私自利、贪恋权力的政客搞瘫了政府，私营企业领域的高管同样自私自利、贪得无厌，并且相信自己有权不能与普通民众一样被对待。

另一方面，我认识的企业高管都是一群性格坚强、品行端正、极具奉献精神的饮食男女，他们热情关注员工的福祉和前途，强烈关注我们社会的变化变迁，并且积极投身于探寻挽救社会与民生的行动。但是，我想再强调一次，这并不是公众对私营企业高层的普遍认知。与民众对政客、官员们的认知度非常不理想一样，这是我们社会面临的一个重要问题，我相信本书中的建议对解决领导力问题一定具有积极的借鉴和帮助意义。

我想用几句话特别说明一下公共服务。著名专栏作家、新闻评论家沃尔特·李普曼很久以前写过：“居庙堂之高者不仅是政府各部门的管理者，他们也不仅是法律制定者，他们是国家理想、被视若珍宝的国家信仰、国家永恒的希望，以及使国家有别于个人群体的信念的守护者。”如果你了解得足够深入，你就会发现绝大多数公务人员，也就是我们的“守护者”，无论是外表强悍，还是任性妄为，抑或放荡不羁，他们的内心深处都充满了浪漫主义、理想主义，以及乐观主义情怀。他们实际上都相信完全可以让同胞们的生活更加安逸富足，让世界更加安全。但是使我们的国家鹤立于世界民族之林的一个重要原因就是我们国家的理想、希望，以及信念不仅存在于每个人的内心深处，还存在于我们的机构之中。

因此，只有通过改善作为我们实现这些目标工具的机构，我们才能以一个国家的形式激活我们的理想，实现我们的希望，增强我们的信念。我非常热爱所有我领导过的机构，中央情报局、得克萨斯农工大学、国防部，以及现在的童子军。但是我对他们的热爱和奉献并不影响我对他们缺点和需要改变与改革的正确认识。我在这些机构开展的绝大多数重大改革之所以都取得积极的效果并且一直保留下来是因为我使用了本书探讨的各种方法、技巧。

即便在混乱的政治漩涡中，机构改革照样可以顺利实现。的确，说到领导者挑战现状所面临的障碍，政治只是其中之一。因此，机构改革没有任何理由不始于今朝。

关键问题在于新领导者，即改革代理人是否愿意接受挑战。哈里·杜鲁门说过：“每一个伟大的成就都是一颗激情燃烧的心所取得的胜利。”改革机构是一项非常艰巨的任务。他必须点燃追求事业成功的信心火焰。改变机构是一场战争，他的改革工作必须充满勇气、力量和信念。在说服别人之前，他首先必须相信自己的改革理想。如果他希望别人冒着失去职业和声誉的风险帮助自己实施改革，他必须首先做好自己丢掉工作、毁损声誉的心理准备。

前总统伍德罗·威尔逊曾经写道：“当你来到一个领导者面前时，你要知道你站在了一堆火前面，也就是要小心千万不要鲁莽地挑衅他，反对他很有可能是非常危险的事情。”改革领导者必须非常严格，而且，有时候还要做到严酷无情。为了推动改革，有时候他必须承受孤立无援的局面。他必须严格执行问责制，并且随时准备撤换反对改革或者无法承担改革任务的属下。在改革过程中，他会遭遇批评，而且有可能是非常恶毒的人身攻击。机构改革领导者的道路从来都不会是一马平川，而且几乎总是荆棘丛生的攀山小道。

我 50 多年前就进入了公共服务领域，因为我在上大学的时候，约翰·肯尼迪总统就告诫我们不要问我们的祖国能为我们做什么，要问我们能为我们的祖国做什么。我之所以一直留在公共服务领域，因为乔治·赫伯特·沃克·布什总统提醒我们：“公共服务是一项崇高的事业。”所以，特别是对于今天的年轻人，我想再次引用前面提到的前总统约翰·亚当斯告诫他儿子的一句话：如果你身边聪明正直的人都不愿意唯你马首是瞻，其他人也不会。这样我们所有人的表现就会越来越差。

诺贝尔文学奖得主、法国著名作家阿纳托尔·法朗士曾经写道：

“要想成就伟大的事业，不仅要有行动，还要有梦想；不仅要有规划，还要有信念。”对于那些坚信我们的机构必将变得越来越好的人，我有一言愿与他们共勉：梦想。信念。规划。行动。

致　谢

本书的写作将我的思绪和回忆带回了孩提时代。父母亲在品德操行、与人为善、乐观向上方面对我的教诲和示范影响了我的一生。

我要真诚感谢在我的职业生涯中陪我走过的无数人，感谢他们对我的教诲和影响，从我在中央情报局的第一位办公室同事，到后来的巴里·史蒂文森，再到后来担任国防部部长期间给了我极大鼓舞的军人们。不管是在政府、大学还是企业董事会工作期间，我非常幸运地遇到众多优秀的导师、搭档和挚友。他们对我的影响，无论是集体的还是个人的，都深深地浸透了本书的每一页。

书稿完成后，许多同仁应邀对本书稿进行了审校，我想借此机会对他们的宝贵时间和辛勤努力致以最诚挚的谢意：皮特·基亚雷利、本顿·科卡诺尔、瑞恩·麦卡锡、罗德尼·麦克伦登、杰夫·莫雷尔、迈克尔·奥奎因、罗伯特·兰格尔、哈利·罗兹、泰勒·斯科特，以及尼尔·沃林。很显然，本书中的所有疏漏与错误均为我个人的责任。我还要感谢我的助理基思·亨斯利先生为本书的撰写所做的大量准备工作，以及对我生活和时间的合理安排，让我能够顺利完成本书。

为了防止机密情报的泄露，中央情报局和国防部都对书稿进行了负责任的审查，我也非常感谢两家机构对书稿的迅速回应。毫无疑问，本书中的所有事实陈述、观点以及分析均属于我个人，不代表中央情报局或国防部的官方态度或观点。同样，本书中的任何内容均不应被解读为经美国政府授权的信息申明或暗示，亦不应被解读为对我的观点的印证。

我要特别感谢 WSK 管理公司的韦恩?卡巴科先生在过去 20 多年里对我和我的三本书的代理。他是一个非常特别的朋友。我还要感谢纽约科诺夫出版社的乔纳森·西格尔，我要为你举起马提尼酒杯。我还要感谢科诺夫出版社社长兼总编辑桑尼·梅塔对本书和《职责》一书的信心，感谢出版社其他对本书的出版付出辛劳的人。

最后，我要感谢与我相濡以沫近 50 年的妻子贝姬，一生风雨中走来，她永远是我的最爱、我的伙伴、我的挚友。她辛勤操持家务，让整个家庭充满欢乐与温馨，每次从充满压力的工作中回到家里都能让我感到全身心的放松与惬意。她对别人的宽容善良一直是我模仿的榜样，尽管我总是东施效颦。多年以前，我向她求婚时曾承诺我要让她跟我在一起的日子永远幸福快乐。我相信我兑现了我的诺言。